意識

Consciousness: A Very Short Introduction

Consciousness: A Very Short Introduction

意識

蘇珊・布萊莫爾(Susan Blackmore)著

薛貴 譯

OXFORD
UNIVERSITY PRESS

OXFORD
UNIVERSITY PRESS

Oxford University Press is a department of the University of Oxford.
It furthers the University's objective of excellence in research, scholarship,
and education by publishing worldwide. Oxford is a registered trade mark of
Oxford University Press in the UK and in certain other countries

Published in Hong Kong by
Oxford University Press (China) Limited
39th Floor, One Kowloon,1Wang Yuen Street, Kowloon Bay,
Hong Kong

First edition published in 2020

意識

蘇珊・布萊莫爾(Susan Blackmore)著

薛貴 譯

ISBN: 978-0-19-083212-4

1 3 5 7 9 10 8 6 4 2

English text originally published as *Consciousness: A Very Short Introduction*
by Oxford University Press © Susan Blackmore 2005, 2017

目　錄

圖片鳴謝

第一章
為甚麼關心意識之謎？

一個困難的問題

甚麼是意識？這個問題聽起來簡單，實則不然。在人們探討的問題中，意識是一個看似再明顯不過，卻又最難解釋清楚的概念。我們要麼必須用意識來探討其本身(這個想法本身就略顯怪異)，要麼就得讓自己從想要研究的這個概念中解脱出來。難怪幾千年來哲學家、科學家一直在這個概念上苦苦探索，也難怪科學家曾長期抵制它，甚至拒絕研究。令人欣喜的是，進入21世紀，「意識研究」逐漸興起。心理學、生物學、神經科學已準備好探討這樣一些難題：意識的功能是甚麼？如果沒有意識，人類有沒有可能進化到今天？意識有可能是一種幻覺嗎？不管怎樣，到底甚麼是意識呢？

這並不意味着意識之謎已經消失。事實上，它還是一如既往地深奧。不同的是，我們現在對大腦的認識有了長足的進步，已經能夠直面意識這個問題。人

圖1 還沒有人能成功跨越內部和外部、精神和大腦、主觀和客觀之間的巨大鴻溝或者解釋空白。

腦中有數百萬細小的腦細胞，它們的放電究竟是怎樣產生個人、主觀的意識體驗呢？

想要在認識意識的征途中取得任何進展，我們必須重視這個問題。許多人聲稱他們已經揭開了意識之謎：他們提出大統一場理論、量子力學理論或精神的「意識力」等許多理論來解釋意識，但其中大部分人完全忽視了物質世界和精神世界之間的巨大鴻溝或「無底深淵」。只要忽視這個問題，他們就根本不是在探討意識。

這其實是哲學家兩千多年來一直在思考的著名的心–身問題的現代版。人們面臨的困難在於：在平常的人類體驗中似乎存在兩類完全不同的事物，但還沒有一個顯而易見的方式使二者融為一體。

一方面，我們有自己的體驗。現在，我可以看見遠處山上的房子和樹木，聽到汽車從大道上駛來，享受自家房屋的溫馨和熟悉，同時也想知道是不是因為那隻貓想進來才發出那抓撓之聲。所有這些都是我自己的個人體驗，很難向別人表述清楚。我可能會想你對綠色的體驗是否和我一樣，或者咖啡對你我是否具有完全相同的香味，但我永遠弄不明白。這些難以言傳(或無法形容)的特質就是哲學家所謂的感質(雖然在是否存在感質這個問題上還存有許多爭論)。那個晶瑩剔透的紅杯子的紅色是一個可感受的特質；我的小貓身上的皮毛的柔軟感也是可感受的特質； 咖啡的香味也同樣如此。這些體驗似乎都是真實的、生動的，不可否認。它們構成了我所生活的世界。事實上，它們就是我所擁有的全部。

另一方面，我深信世界上存在着一個物質世界，是它產生了這些體驗。我可能會對這個物質世界的構成或更深層的本質存有疑問，但我並不懷疑它的存在。如果我否認它的存在，就無法解釋為甚麼當我來到門口時，可能會見到貓跑進來——如果你恰好經過，你也會同意說現在正有一隻貓拖着沾滿泥的腳踩過我的書桌，留下一串腳印。

令人難以理解的是，這兩種事物似乎截然不同。

有一些是真實存在的實物，它們的大小、形狀、重量及其他種種屬性大家都可以測量並達成一致。但同時也存在個人體驗——疼痛感以及我現在所看到的蘋果的顏色。

歷史上多數人都採用過某種形式的二元論，即認為確實存在兩個不同的領域和世界。在當今絕大多數的非西方文化中，情況依舊如此。調查顯示，多數受過教育的西方人也這樣認為。幾乎所有的主流宗教都採用二元論：基督徒和穆斯林相信永恆、非物質的靈魂，而印度教教徒則相信阿特曼[1](Atman)或心中神聖的自我。在宗教中，僅有佛教否認存在連續的內在自我或靈魂。即使在非宗教人士中，二元論也普遍存在於西方文化中。流行的新時代理論喚醒了心靈、意識或精神的力量，彷彿它們是一股獨立的力量。替代療法治療師贊同精神對身體的影響，彷彿精神和身體二者完全不同。這樣的二元觀是如此深地植根於我們的語言之中，以至於我們可以愉快地談論「我的大腦」或「我的身體」，彷彿「我」與「它們」可以彼此分離。

17世紀，法國哲學家勒內．笛卡兒(René Descartes, 1596–1650)正式提出了人所共知的二元論。這個叫做笛卡兒二元論的理論認為心和腦由不同的物質構成。

---

1 阿特曼，字面意思是自我，有時也譯成靈魂。它是印度教和吠檀多(古代印度哲學中一直發展至今的唯心主義理論)所使用的一個哲學術語，指超越了一切外部存在的表面現象的真正自我。——譯注，下同

在笛卡兒看來，心是非物質的，不可延伸（即不佔空間或沒有位置），而身體和自然界的其餘部分由有形的、可延伸的物質構成。該理論的漏洞顯而易見：身心之間如何相互作用？笛卡兒認為它們在大腦中心一個叫松果體的細小組織裏相遇。但這只是暫時回答了這個問題。松果體是一個實實在在的結構，但笛卡兒二元論沒有解釋為甚麼單單只有它可以通向精神世界。

任何一個試圖建立二元論的努力都會在身心相互作用這個問題上受阻，這也許正是大多數哲學家和科學家完全拒絕一切形式的二元論，而主張某種形式的一元論的原因。但他們的選擇並不多，而且同樣也面臨很多問題。唯心主義者認為精神是最根本的，但他們必須解釋為甚麼存在協調一致的物質世界以及它是如何產生的。中性一元論者反對二元論，但他們對世界的本質及其統一方式還不能達成一致意見。第三種選擇是唯物主義，目前這在當今的科學家中是最受歡迎的。唯物論者認為物質是最根本的，但他們必須面對本書要探討的問題：如何解釋意識？完全由物質構成的大腦如何產生出意識體驗或不可言喻的感質？

這個問題被稱為意識的「困難的問題」（hard problem）。這個術語最早由澳大利亞哲學家大衛·邱瑪斯（David Chalmers）在1994年創造。他想把這個重要的、無法抗拒的難題同被他稱作「容易的問題」區分開來。在邱瑪斯看來，「容易的問題」指那些我們

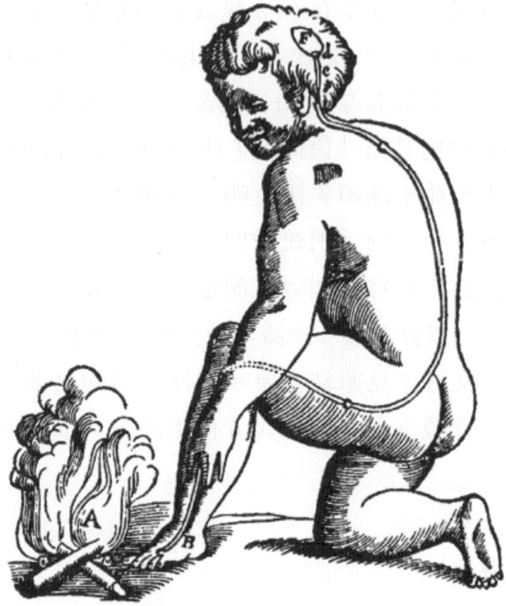

圖2 笛卡兒用機械反應和小管子裏流淌的「生命力」來解釋疼痛反射。但當說到意識體驗時，他認為它們隸屬於一個完全不同的精神世界，並通過大腦中心的松果體與身體相連。

原則上知道該如何解決的問題，即使我們目前尚未解決，它們包括諸如感知、學習、注意力或記憶之類的問題，也包括我們如何辨別物體、如何對刺激作出反應以及如何區別睡眠狀態和清醒狀態等等。他說，相對於體驗本身這個真正的難題而言，這些問題都很容易。

並不是人人都贊同邱瑪斯的觀點。一些人聲稱

「困難的問題」並不存在，認為這不過是由於人們對意識的錯誤理解，或對「容易的問題」的嚴重低估而造成的。美國哲學家帕特里夏・丘奇蘭德(Patricia Churchland)稱其為「偽問題」(hornswoggle problem)。她認為我們並不能預先決定哪個問題才是真正令人費解的問題。她聲稱「困難的問題」源於人們錯誤的直覺，即認為在解釋了知覺、記憶、注意和所有其他細節之後，仍然會遺漏「意識本身」這個問題。

這些反對意見非常重要。在深入討論之前，我們必須把「意識本身」的意義弄得更清楚，如果它有意義的話。

界定意識

成為一隻蝙蝠會有怎樣的體驗？[2] 這個古怪的問題在意識研究史中佔有重要地位，於20世紀50年代首次提出。1974年，美國哲學家托馬斯・內格爾(Thomas Nagel)使它聞名於世。他用這個問題來質疑唯物論，探討我們對意識的定義以及闡明為甚麼心–身問題如此棘手。他說，我們講的意識是主觀性。如果成為蝙蝠能夠體驗到甚麼——對於蝙蝠自身來說的體驗，那麼

2　這個問題的英文原文是 What is it like to be a bat? 直譯為「成為一隻蝙蝠會是甚麼樣？」。在內格爾看來，這個問題的核心是蝙蝠是否擁有主觀的體驗。

蝙蝠是有意識的。如果成為蝙蝠甚麼體驗也沒有，那麼蝙蝠便沒有意識。

例如，想像一下你桌上的茶杯、壺或塑料飾品，然後我問你成為茶杯會有怎樣的體驗？你可能會回答根本就沒有體驗，或茶杯沒有知覺，或瓷器是死的等等。認為壺和茶杯沒有意識對你可能並不難。但如果談到蠕蟲、蒼蠅、細菌或蝙蝠時，你或許會遇到較多的困難。你不知道——事實上，你無法知道——成為蚯蚓會是甚麼樣。即便如此，正如內格爾指出的一樣，如果你認為成為蠕蟲能夠有某種體驗，那麼你會認為蠕蟲是有意識的。

內格爾選擇蝙蝠作為例子是因為蝙蝠與我們大不相同。它們能夠飛翔，大多數時間生活在黑暗之中，倒掛在樹上或者潮濕的洞穴裏，並用聲吶而非視覺來觀察世界。也就是說它們在飛行時發出快速而尖鋭的吱吱聲，然後通過分析反射到自己靈敏的耳朵中的回聲來瞭解周圍環境。

如此體驗世界會是甚麼樣的一種感覺呢？想像自己變成一隻蝙蝠毫無用處，因為受過教育、會説話的蝙蝠肯定不正常。反之，如果你成為一隻正常的蝙蝠，不會思考也不會説話，那麼你就回答不了你自己的問題。

內格爾認為我們永遠不可能知道成為蝙蝠會有甚麼體驗，由此他得出結論説這是一個無法解決的問

界定意識

目前意識還缺乏普遍公認的定義，但是下列觀點會讓你對其含義有所瞭解。

「成為……會有甚麼體驗」：如果成為某種動物(或計算機、嬰兒)會有體驗，那麼這個東西就是有意識的，否則就沒有。

主觀性或可感性：意識意味着主觀體驗或可感知的體驗。這是事物對於「我」的所是，而非其客觀所是。

感質：體驗中無法言傳的主觀特質，比如紅色的紅或松節油那種無法形容的氣味。一些哲學家聲稱它們不存在。

困難的問題：客觀的、物質的大腦如何產生主觀體驗？

題。他因此被稱為神秘論者。另一個神秘論者是美國哲學家科林・麥克金(Colin McGinn)。他認為人類在意識理解方面是「認知封閉」的。也就是說，我們無望瞭解意識，就像狗根本無法閱讀它愉快地從商店叼回來的報紙一樣。心理學家史蒂文・平克(Steven Pinker)對此表示完全贊同：我們也許可以瞭解心理活動過程的大部分細節，但是我們可能永遠無法理解意識本身。

像內格爾一樣悲觀的人並不是很多，但他的問題有助於讓我們記住甚麼才是意識研究中最關鍵的問題，這一點已被證實。如果僅僅將感知、記憶、智力或解決問題看成是純物質過程，然後聲稱自己已經解釋意識，這毫無用處。如果你真的是在討論意識，你必須用這樣或那樣的方式來解決主觀性問題。你要麼必須切實解決那個困難的問題並解釋主觀性如何產生於物質世界；抑或，你若認為意識等同於那些物質過程，或意識只是一種幻覺，甚至根本不存在，那麼你必須解釋它的存在緣何看起來如此真實。不管怎樣，你只有在討論「成為……會有甚麼體驗？」這個問題時才能説自己真正在論述意識。

意識這個術語的核心含義也可稱為可感性或現象意識。這兩個術語是美國哲學家內德·布洛克(Ned Block)提出的。布洛克比較了現象意識和取用意識兩個概念，前者指在某種狀態下的感覺體驗，而後者指其能否用於思考或指導言行。內格爾所談論的是現象意識(或可感性或主觀性)，它也是意識問題的核心。

瞭解這些概念之後，我們就可以探討意識研究中的一個爭論焦點。這關乎下面這個問題：意識是我們人類具有的除了感知、思維和體驗能力以外的額外能力呢，還是作為一個能夠感知、思考和體驗的造物身上固有的、不可分割的一部分？這個問題確實非常關鍵，是所有其他問題的基礎。你可能想現在就決定你對這個問題的看法，因為無論你的答案是甚麼，其含義都頗為驚人。

一方面，如果意識是額外附加的一種能力，那麼我們自然會問：我們為甚麼具有這種能力？我們想要問意識有何用，它有甚麼功能，我們是如何具備這種能力的。按照這個觀點，不難想像我們的進化並不需要它。因此我們想知道為甚麼意識會進化生成，它給我們帶來了甚麼好處，是否其他生物也進化生成了意識。依照這個觀點，那個困難的問題的確非常難，而今後的任務就是要回答這些難題。

另一面，如果意識為複雜的大腦過程所固有，且不可分割，那麼問這些問題就變得毫無意義。按照這一觀點（在有些版本中叫做功能主義），問意識為甚麼會生成的問題毫無價值，因為任何在進化中獲得智力、感知、記憶和情緒的造物必然是有意識的。同樣，談論「意識本身」或「不可言喻的感質」也毫無意義，因為除了這些過程和能力之外並沒有額外之物。

依據此種觀點，實在沒有甚麼深藏的奧秘，也沒有「困難的問題」。因此我們面臨的任務也頗為不同：即是要解釋這樣的問題為甚麼好像存在，以及為甚麼我們似乎擁 有不可言喻的、非物質的、有意識的體驗。正是在這裏，意識是一種幻覺的觀念產生了，因為意識和「困難的問題」都不是其看起來的那樣，因此我們必須解釋幻覺是如何產 生的。

如果你認為上述兩種觀點的含義不易掌握，下面這個思維實驗可能會有所幫助。

無意識軀體

想像這麼一個人：他長得和你一模一樣，行為舉止像你，想法像你，説話也和你一樣，但他卻沒有意識；他沒有自己的意識體驗，一切行動都在無意識下進行。這個無意識的造物並不是某個半死不活的海地還魂屍，它是哲學家所指的無意識軀體。

無意識軀體當然容易想像，但他們真的存在嗎？這看似簡單透頂的問題卻引發了大量哲學難題。

那些認為無意識軀體真的存在的人相信世上確實有可能存在兩種功能相當的系統，一種是有意識的，另一種是無意識的。邱瑪斯就是這樣一個人。他聲稱無意識軀體不僅是可以想像的，而且也是可能的——即使沒有出現在我們生活的世界，也會存在於其他某個世界。他想像他的孿生殭屍(無意識軀體)行為舉止和他完全一致，但沒有意識體驗，也沒有內心世界和感質。在殭屍大衛[3]的內心世界，一切都是黑暗的。其他哲學家虛構了一些有關一個住滿了無意識軀體的殭屍王國的思維實驗；或者推測有些活生生的哲學家可能只是假裝有意識，而實際上就是無意識軀體。

那些不相信無意識軀體的存在的人認為整個無意識軀體的想法都很荒謬。這其中包括丘奇蘭德和美國哲學家丹尼爾・丹尼特(Daniel Dennett)。他們聲稱，

3 大衛是邱瑪斯的名。

無意識軀體的說法荒唐可笑，因為任何一個系統如果能夠走路、講話、思考、玩遊戲、選擇衣着、享受大餐以及做其他一切我們能做的事情，那麼它必然會擁有意識。問題在於，他們抱怨說，人們在想像無意識軀體時只不過是在騙人：他們沒有足夠認真地對待這個定義。如果你不想騙人，你一定要記住無意識軀體必須在外表上與正常人完全沒有區別。也就是說，問諸如無意識軀體擁有甚麼體驗之類的問題或者測驗其哲學水平是沒有意義的，因為根據定義，無意識軀體必須表現得和有意識的人一樣。批評者認為，如果你真的遵守這些規則，無意識軀體的說法就變得毫無意義。

現在應該容易看出無意識軀體確實只是思考下面這個關鍵問題的一種形象方式：意識是我們人類有幸具備的一種特殊附加才能，還是隨感知、思維或感情等技能進化而來的必然產物？如果你認為它是一種附加才能，那麼你就會相信我們可能都進化成了無意識軀體而非有意識的人，甚至會相信你的鄰居可能就是個無意識軀體。但如果你認為意識是人類擁有的各種技能所固有的一部分，與它們不可分割，那麼無意識軀體根本不可能存在，整個說法也是愚蠢的。

在我看來，無意識軀體這一說非常愚蠢。儘管如此，它仍然非常具有吸引力，其中的主要原因是想像一個無意識軀體容易至極。但想像某事有多容易並不是認識真理的一個好嚮導。那麼讓我們從另一個頗為

到底誰是無意識軀體？
是我，還是你？
Am I the Zombie or are you?

圖3　哲學家構想的無意識軀體只會讓人糊塗。

不同的層面來思考這個問題——意識是否具有功能。

「意識力」這個詞常見於流行話語，指意識是能夠直接影響世界的某種力量。它要麼通過作用於我們自身得以體現，比如當「我」有意識地決定移動我的胳膊，於是它就動了；它要麼體現在治療心理創傷、心靈感應或「意識勝過物質」等方面，但在這方面的爭議更大。與無意識軀體一樣，這種「力量」也很容易想像。我們可以想像自己的意識以某種方式延伸出去並對事物產生影響。但這種說法有道理嗎？一旦你想起意識意味着主觀性或可感性，那麼這種說法就變得不太合理。「成為……會有甚麼體驗？」怎麼可能變成一種力量或能力？我對那棵樹的綠的體驗怎麼可能會引發某件事情呢？

探討意識能否成為一種能力或者力量的一個方法是問這樣一個問題：如果將其取走會有甚麼情況發生？顯然，如果意識具有力量，剩下的絕不可能是無意識軀體，因為根據定義，無意識軀體必須與有意識的人完全一致。所以留下來的會是一個與有意識的人不同的人，因為他們不能……他們不能幹甚麼？

也許你覺得需要意識來參與決策，但我們對大腦作決定的過程已經有很多瞭解，它似乎並不需要額外的力量來作決定。同時，我們也可以製造這種計算機，它們不需要特殊的意識模塊就能作決定。視覺、聽覺、運動控制以及其他許多人類能力也都是如此。也許你認為需要意識來參與審美、創造活動或談戀愛，但如果是這樣的話，你必須證明這些事是由意識單獨完成的，而不是由聰明大腦的機制完成的。

所有這些探討會得出意識可能沒甚麼用這一尷尬的結論，而其他一些奇怪的事似乎也指向這一結論。例如，想想人們接住板球、打乒乓球或打斷快速的交談時的情形：所有這些快速的行動似乎都在有意識地進行，但是不是意識自己產生了這些行動呢？事實上，正如我們將要看到的那樣，這些行動的發生都非常迅速，它們由似乎並沒有參與意識體驗的腦區所協調。

那麼意識是不是完全沒有作用呢？副現象論就是

持這種觀點的一個派別。它認為意識不起任何作用，只是一個副產品或伴隨現象。這是一個很奇怪的觀點，因為這實際上承認意識確實存在，但卻不會對其他任何事物產生影響。但如果意識沒有任何作用，那麼很難解釋我們到頭來何以會擔心它，甚至討論它。

認為意識沒有作用不僅只有副現象論這一種論點。另一種觀點認為，所有像我們一樣可以看、感覺、思考、戀愛並且欣賞美酒的造物最終無一例外地會相信自己擁有意識。他們也可能想像無意識軀體，並且認為意識有功用。這種理論的底線就是我們被欺騙了：我們覺得意識彷彿是一種力量或附加的能力，但我們錯了。如果需要給這種理論起一個名字，我們不妨稱之為錯覺主義。

我認為這是思考意識的正確方式，但這同時也意味着我們有關意識的一般假設是大錯特錯了。我們真的錯成這樣嗎？我們為甚麼會這樣呢？也許我們應該更加仔細地審視其中一些假設及其可靠程度。

心靈劇院

最自然地思考意識的方式可能是這樣：心靈像是一個私人劇院，「我」在劇院裏面，大概在頭部的某個位置，並通過眼睛觀察外面世界。但這是一個多感覺通道的劇場，所以我感受到觸摸、氣味、聲音和情感。我也可以動用我的想像力，憑空想像出圖像和聲音，就像投射在心理屏幕上一樣，可以憑內眼看，讓內耳聽。所有這些都是「我的意識的內容」，「我」是感受這些內容的人的觀眾。

這個劇場的意象正好與意識的另一個常見意象吻合，即意識像一條流淌的河或溪流。在19世紀，「現代心理學之父」威廉·詹姆斯(William James, 1842–1910)創造了「意識流」這個詞，感覺足夠貼切。我們有意識的生命的確感覺像一條不斷流淌的溪水，其中充滿了各種景象、聲音、氣味、觸覺、思想、情感、憂慮和喜悅。所有這些，一個接着一個，不停地發生在我身上。

如此構想我們自己的內心世界是這麼輕鬆、自然，幾乎不值得質疑。然而當我們遇到智力上的困惑時，正如我們研究意識問題時所遇到的那樣，質疑我們最基本的假設有時是有價值的，就這個例子而言，就是需要質疑這些太過天真的類比。

最強烈的質疑聲音來自哲學家丹尼爾·丹尼特。他辯稱，雖然多數人樂於否定笛卡兒的二元論，但他們還是通過他所說的笛卡兒劇院的形式保留了明顯的二元論思維的痕跡。丹尼特反對的並不只是把心靈與劇院作類比的問題，他反對的乃是這樣一種觀點：即在心靈或大腦的某個地方，一定存在着一個時空，在那裏所有的事情彙集在一起，於是「意識產生了」；

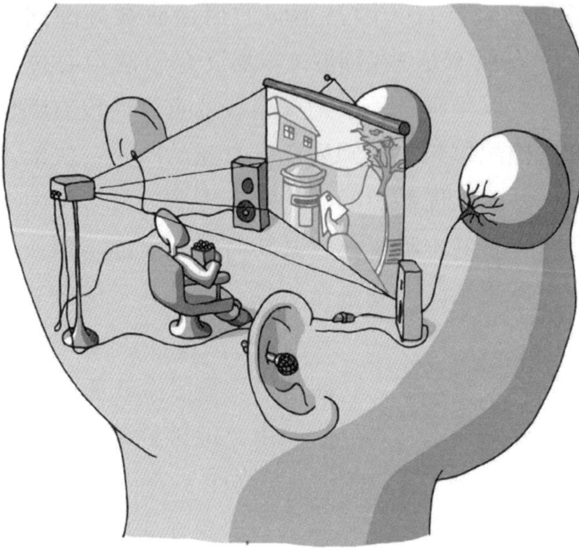

圖4　我感覺自己好像從大腦的某個地方向外看：我通過眼睛和耳朵體驗外部世界，在我的腦海中想像事物，指揮我的胳膊和雙腿上街去寄信。但大腦並不是這樣工作的。這是丹尼特所謂的那並不存在的笛卡兒劇院。

腦部活動存在某種終點，過了終點線之後事物就神秘地變成有意識的了或「進入意識」。

這肯定是不對的，丹尼特聲稱。首先，大腦內部沒有一個能與該觀點相符的中心腦區，因為大腦是一個完全平行的處理系統，根本沒有核心總部。信息進入各個感覺器官，因為不同的用途而被分配到各個地方。在所有這些活動中，並沒有一個中心位置讓「我」可以坐觀各種事物穿過我的意識。沒有哪個腦區可以標記思想或感知變成有意識的時刻。決策不是單獨從某個腦區發出的。相反，大腦的許多不同腦區只是執行它的本職工作，必要時相互溝通，但並不存在中央控制系統。如果是這樣，對應於意識劇院的是甚麼呢？

丹尼特補充道：從認為劇院確實存在轉變到認為它是某種分佈式加工過程或廣泛的神經網絡的努力也都是徒勞。基本原則並沒有改變，所以仍然是錯誤的。根本不存在任何腦區或心理過程或任何別的東西可以與大腦活動的意識部分相對應，同時讓其他部分都是無意識的。所有的輸入都彙集在一起，呈現在「意識」中給人看或聽，這種想法毫無道理。大腦裏面也沒有甚麼「小人」對他們所看到的作出反應。大腦不是這樣組織的，如果是這樣它就無法運轉。不管怎樣，我們必須理解自己這種擁有一系列體驗、有意識的自我的感覺是如何在大腦中產生的，雖然大腦內沒有內部劇院，沒有表演，也沒有觀眾。

丹尼特創造了「笛卡兒唯物主義者」這個新術語來形容那些聲稱拒絕二元論但仍相信笛卡兒劇院的科學家。需要注意的是，笛卡兒劇院和笛卡兒唯物主義這兩個術語都是丹尼特而非笛卡兒提出的。世上沒有幾個科學家承認自己是笛卡兒唯物主義者，但正如我們即將看到的那樣，絕大多數人都假定存在某種類似於意識流的東西，或者將心靈看成內部劇院。當然，他們可能是正確的。如果他們真的正確，那麼意識科學的任務就是揭示那個比喻性的劇院與大腦的哪個部分相對應，它又是如何工作的。不過我倒是對此表示懷疑。只要對大腦的工作原理稍加探索就會幫助我們明白個中原因。

第二章
人類的大腦

意識的統一

人腦堪稱已知宇宙中的最複雜之物。就所佔身體的比重而言，人腦是所有物種中最大的，並且大得多。與和人類最接近的物種類人猿相比，人腦大約是類人猿大腦的三倍。人腦將近1.5公斤，由10多億神經元(神經細胞)及數十億的神經聯結構成。這些聯結產生出我們所具備的非凡能力：知覺、學習、記憶、推理、語言以及某種意義上的意識。

我們知道大腦與意識密切相關，因為腦部的變化能引起意識的改變。例如，一些藥物在影響大腦功能的同時也會影響主觀的體驗；刺激腦部很小的部位能夠產生一些特定的體驗，如幻覺、生理感覺或情緒反應；而腦部受損能夠極大地影響一個人的意識狀態。雖然我們對上述事實都相當確定，但我們為甚麼應該擁有意識仍然是一個謎。

從某種意義上講，大腦似乎並不是按照產生我們所擁有的意識所需要的方式設計的。大腦最獨特的特徵是它採用大規模並行分佈式加工的設計。信息通過感覺器官傳導進來，並用來控制言語、行動及其他輸出。但大腦並無一個中央組織，也沒有一個運行着關鍵信息的內部密室。大腦更像是一個龐大的網絡——或者說是一個龐大的相互連接的網絡集群，而不是擁有中央處理器的個人電腦。人腦中沒有甚麼是集中控制的，不同的腦區處理視覺、聽覺、言語、身體意象、運動控制、前瞻性策劃以及無數的其他任務。這些腦區相互連接，但是這一連接並不是通過將所有信息輸入一個中央處理器來實現的，而是由大腦各處數以百萬計的橫縱聯結來實現。

相反，人類意識似乎是統一的。常常用三種不同的方式來描述「意識的統一」。天然地思考意識的方式是將其看成心靈劇院或體驗流，它包含了所有三個方面。首先，這意味着在任何一個特定的時刻都存在一個整合體，它涵蓋了「我」正體驗的一切。換句話說，有些事情出現在意識中，而其他許多東西卻在意識之外。意識裏的事就被稱為「意識的內容」，並形成了當前的體驗流或者心靈劇院舞臺上的演出。第二，意識在時間上似乎也是統一的，因為從某一時刻到下一時刻、甚至跨越意識體驗的整個歷程中似乎都有一個連續體存在。第三，這些意識內容都由同一個「我」所體驗。換言之，既存在單一的體驗者又存在單一的體驗流。

意識科學要想獲得成功必須要解釋意識的內容、意識的連續性以及有意識的自我這幾個問題，同時也必須以並行和非中央集權加工的大腦為出發點來解釋。我們稍後會回到自我這個問題上，這裏我們先解釋存在意識的內容這一看似天真的觀點。

需要強調的一點是：人腦中發生的大部分事情好像都在意識之外，甚至無法被意識所理解。我們看到樹木被風吹動，但我們並沒有意識到視覺皮層中發生的所有快速的神經元電活動，正是這一活動讓我們產生了知覺。我們坐在計算機旁有意識地回復電子郵件，但我們並沒有意識到自己的手如何敲字或者那些詞語從何而來。我們都有意識地爭取贏得那場乒乓球比賽，卻覺察不到快速的視覺-運動控制過程，正是該過程讓我們揮出致勝的一拍。

在上述例子中，每一個腦細胞以及數十億計的神經聯結都處於活動狀態——一些放電快，一些放電慢，其速度取決於我們所做的事情。然而絕大部分活動永遠不能進入意識流或我的心靈劇院，因此我們稱之為無意識或潛意識，或將其歸入邊緣意識之列。

但是，這究竟是甚麼意思呢？問題在於這種區別意味着意識和無意識之間存在不可思議的差別。是否如二元論者所認為的那樣，大腦的意識活動受一個超自然的靈魂或非物質的自我控制？大腦中是否存在一個產生意識的特殊部位？大腦裏是不是有產生意識體驗的特殊「意識神經元」？是否有特定的神經元連接方式能夠產生意識？還是甚麼別的方式呢？我們將會看到，所有這些可能都有與之對應的理論，但它們都面臨嚴峻的困難。

這個問題歸根到底似乎變成——我們是要在熟悉的意識觀(如心靈劇院或體驗流)上繼續努力，並試圖讓其能夠發揮作用，還是一改所有的習慣思維方式而另起爐灶？在探討一些將意識和大腦功能相關聯的有趣研究時，我們有必要將這個問題銘記在心。

意識的神經機制(NCCs)

人人都有疼痛的體驗。疼痛令人恐懼。它讓人痛苦，因此沒有人喜歡它。但疼痛是甚麼呢？在研究意識的神經機制，即與主觀體驗相關聯的大腦活動這個問題上，疼痛是一個絕佳的例子。

從主觀上說，疼痛本質上是個人的一種體驗。我們無法向其他人描述自己的痛苦；除了觀察他們的行為，我們也無法知道別人的疼痛究竟有多厲害。即使看到了，我們也可能認為他們是在虛張聲勢，雖然我們永遠不能肯定。當疼痛消失後，我們甚至記不起它曾經有多疼。實際上，人們常說，如果一個女人記得生第一個孩子時的痛苦，沒有人會再要第二胎。歸根結底，只有當我們正在受苦時才能真正知道甚麼是痛苦。

聯覺

有的人能夠聽到形狀、看見噪聲或觸摸聲音。這種奇怪的意識整合是出人意料地普遍。許多小孩都有聯覺，但聯覺通常會隨着年齡的增長而消失，到最後每200個成年人裏會有一個成為聯覺患者。聯覺會遺傳，在女性和左撇子中更常見。聯覺患者通常具有很強的記憶力，但數學和空間能力較差。聯覺尤常見於詩人、作家和藝術家當中。

聯覺最常見的一種形式是將數字或字母看成是帶有顏色的。這些體驗不能被自覺抑制。即使許多年後再次測試，大多數聯覺患者都會報告說同一刺激物還會使他們產生完全相同的形狀或顏色體驗。許多聯覺患者都會隱藏自己的能力，因此很長一段時間以來心理學家都懷疑聯覺患者是否真的存在。但最近的研究證實了聯覺的普遍性和穩定性。

聯覺患者大腦中跨感覺通道的神經聯繫可能比常人更多。拉瑪錢德朗(Ramachandran)認為，因為數字和顏色的加工中樞相毗鄰，這有可能是這種聯覺形式為甚麼最為常見的原因。

從客觀角度說，疼痛在比如身體受傷時就會產生。受傷部位會發生各種化學變化，然後信號通過專門化的叫做C–纖維的神經元傳導至脊髓，然後再傳至腦幹、丘腦、體感皮層(它包含着與身體各個部分相對應的中樞)以及扣帶回皮層。腦部掃描顯示，人們經受的痛苦程度與上述腦區的活動強度有很大的關係。換句話說，我們對疼痛的一些神經機制有所瞭解。

現在重要的是要記住：「相關並不意味着因果關係」。正如這個簡單的例子所顯示的那樣，我們很容易從相關性出發，作出錯誤的因果推論。假定弗雷迪(Freddie)有一個走進客廳就要打開電視的習慣。他幾乎每次這樣做的時候，辛普森一家很快就會走進來。當其他人走進客廳和按下電視開關時，則會發生完全不同的事。如果相關隱含着因果關係，我們就會斷定弗雷迪的動作導致了辛普森一家的出現。在這個例子中，我們當然不會相信這樣的結論。但我們卻可能會在其他很多例子中誤判誤信。

我們要記住這樣一個經驗法則：如果A和B存在可靠的相關性，有三種可能的因果解釋，即A導致B、B引起A或A和B均由其他事物引起。此外，A和B事實上可能是相同的東西，即使它們看起來不一樣(如同水和H_2O，或晨星和昏星)。

那疼痛屬哪種情況呢？也許是身體上的變化引起了疼痛，這種情況下我們必須解決那個困難的問題。也許疼痛才是身體變化的原因，如果是這樣，我們需要一個超自然的理論。也許是別的原因同時導致了疼痛和身體上的變化，如果是這樣，那麼我們就不知道這個別的原因是甚麼。或許疼痛和身體上的變化本身就是一回事。許多唯物論者都贊同最後一種解釋，但如果這種說法正確，我們完全無法證明它為甚麼是正

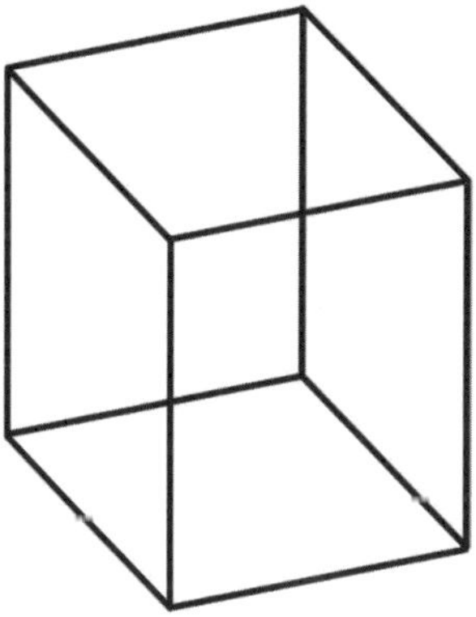

圖5　這個兩歧圖形叫做內克爾立方體。如果你盯着它看一段時間，你會發現它搖擺於兩種同樣可能的解釋之間，彷彿這兩種見解都在爭奪意識。但這是描述該現象的正確方式嗎？

確的。我大腦裏那可怕、難堪和討厭的感覺怎麼可能是由幾個 C– 纖維的放電而產生的呢？

這個問題清楚地表明我們目前對意識是多麼的無知，但我們不應該絕望。科學已經習慣於解決看似不可能解決的問題，在這個問題上也是如此。因此，讓我們來看一個非常巧妙的實驗，看設計者如何用它來探究意識(本例是視覺意識)的神經機制。

請看圖5中的內克爾立方體。當你盯着它看時，立方體將在兩種不同的圖像中切換；你甚至可以有意控制它。感覺好像一個圖像首先進入意識，接下來是另外一個，就像兩種圖像在爭奪意識。

此類兩歧圖像為研究特定體驗的神經機制提供了一個理想機會。例如，我們或許能夠確定當體驗發生切換時大腦的哪些部分發生了改變；這就可能意味着我們找到了感知進入意識的地方，或是找到了特殊的意識神經元，或視覺意識的中樞。

在20世紀80年代，希臘生物學家尼克斯·羅格西特斯(Nikos Logothetis)設計了一系列猴子實驗來檢驗這種觀點。他用的是另一種叫做雙眼競爭的兩歧圖形，也就是給雙眼呈現不同的畫面。與內克爾立方體類似，本例中的兩個畫面也會爭奪意識。猴子的反應顯然跟我們一樣，因為它們能夠通過按壓杠杆告訴我們它們當時看到的畫面。然後羅格西特斯在猴子大腦的不同部位插入電極，包括初級視覺皮層(V1)、次級視覺區(V4)以及顳下皮層的部分腦區——視覺信息經過初步加工後傳導的目的地。結果表明初級視覺皮層的神經元活動一直保持不變，但是當猴子的體驗改變時，顳葉皮層的神經元活動發生了變化。最近，用大腦掃描技術對人進行的實驗也得到同樣的結果。

這是否意味着問題已經解決，並且我們已經找到了大腦中意識產生的地方？有些研究者似乎就持這樣的觀點。例如，邱瑪斯認為意識就產生在這些腦區。美國神經心理學家V.S.拉瑪錢德朗認為這些腦細胞承載感質，而其他腦細胞則沒有。諾貝爾獎生理學獎獲得者弗朗西斯·克里克(Francis Crick, 1916–2004)也得出類似結論：我們無法意識到初級感覺區的信息加工，只知道這些加工後的結果。

但根本問題依然存在。說一些神經運算「承載感質」，或者說意識「產生」在某個腦區，而不是別的腦區，這一切都意味着甚麼？我們對此全然不知。在我們找到相關的腦細胞後，我們一定還會問：怎麼產生的？為甚麼是它們？其中有甚麼神奇的差別？為甚麼有些細胞能產生主觀體驗而另一些卻不能？

瞭解這些過程的發生地點固然重要，但僅僅具有相關性並不能解開意識之謎。事實上，這些相關性只會更清楚地表明：意識仍舊是一個謎。

受損的心智

腦血管阻塞會導致中風，那麼失去氧氣供應的神經元就會受損。這經常會引起另一側身體的癱瘓，或者一側的失明及其他損傷。這很容易理解，因為左腦控制右側身體；同時左腦也接受右側視野的信息(也就是說，左腦並不控制右眼，但只是處理所見事物右半部分的信息)。但是右腦損傷有時會引發更為不可思議的後果：即單側或半側忽視。

在這種情況下，病人不只是失去了某些具體的能力，而是彷彿失去了一半的世界。這不僅僅是說當他們向右側看時，他們看不到房間的右邊，或畫的右

圖6　半側忽視。這些畫是一個名叫 PP 的病人所畫。她於1987年罹患右半球中風。請注意她每幅畫的左邊都不翼而飛。這種視覺忽視一直持續了17年，直至她逝世。

邊，而是說他們似乎沒有意識到還存在右側的世界。這一點從他們的古怪行為中顯露無遺。例如，除非有人把盤子轉過來，他們可能只吃盤子右半邊的食物，完全無視其餘部分。他們可能只刮右臉，或只對站在右邊的來訪者作出反應。

意大利神經學家埃德瓦爾多・比西阿奇(Edoardo Bisiach)在這類病人身上做了一個獨特的實驗。他讓病人想像米蘭著名的大教堂廣場。他們對這個廣場都非常熟悉。首先，他們必須描述從北邊到達大教堂時所看到的情形。他們都描述了位於其右邊的事物：許多漂亮的建築、商店和咖啡館。如果他們真的站在那個位置，他們的報告完全忽視了自己左邊的一切事物，比西阿奇也無法讓他們告訴自己那裏有甚麼。但接下來，比西阿奇讓他們想像從南面進入廣場。這回所有被遺忘的建築都被仔細地描述出來，而先前記住的建築則被遺忘了。

這究竟是怎麼回事？人的體驗竟然如此支離破碎，這實在讓人難以接受。我們喜歡這樣想：如果我們中風了，我們一定能認識到自己的愚蠢錯誤，並將所見到的兩部分景色合二為一。但顯而易見，這種事不會發生。對這些病人來說，世界的一半已經消失，沒有一個更高層次的有意識的自我來克服這個問題。

記憶也是一個容易被我們視作當然而常常忽視的東西，直到我們意識到失去它的後果才會明白其重要性。記憶主要有兩種類型：短時記憶和長時記憶。但這種劃分會掩蓋許多不同的、與具體任務和能力相關的微妙的記憶形式。這對老年人非常重要，因為他們記憶事件的能力在逐漸退化，但他們仍可以認路、處理日常事務並且學習新的運動技能。同時，小範圍的腦損傷會影響非常具體的記憶形式。儘管如此，最引人注目，同時對於思考意識來說也最有意思的損傷是前行性失憶症。

前行性失憶症的出現通常是由於海馬(腦邊緣系統的一部分)遭到損壞。這種損傷可能是由於酒精中毒導致的科爾薩科夫綜合徵或由外科手術或疾病引起，也可能是某些意外事故造成大腦缺氧的結果。但其後果都是病人的短期記憶能力和已有的長期記憶能力保持完好，但失去了形成新的長期記憶的能力。所以他們之後的生活就成了不斷滾動的現在，只持續幾秒鐘，然後消失成空白。

H.M.是迄今研究過的最著名的失憶症案例之一。他曾在1956年被摘除了大腦兩側的海馬——這是為了控制他嚴重的癲癇發作所做的最後嘗試。這個手術留下了嚴重的失憶症：他可以學習一些新技能，並且提高了在辨認某些刺激物上的反應速度，但他始終否認自己曾經做過那些任務。C.W.是一個音樂家，因為腦炎而失去了記憶。病癒後，他仍然可以欣賞音樂、即興演奏，甚至指揮合唱團，但他記不得排練或病後發生的任何事情。

神經學家奧利佛．薩克斯(Oliver Sacks)描述他當年治療吉米．G.(Jimmie G.)的經歷。吉米患有科爾薩科夫綜合徵，他雖然已有49歲，但依然相信自己才19歲，剛剛從海軍退役。出於好奇，薩克斯讓吉米看了一眼他在鏡子中的樣子，但他很快就為自己的做法感到後悔，因為當吉米看到鏡子中的自己滿頭花白時，他變得疑惑、恐懼和狂亂。薩克斯於是馬上把他帶到窗前向外看，他看到一些小孩在玩耍，這時吉米的恐懼消失了，他開始微笑。薩克斯接着偷偷地溜掉了。當他再次回來時，吉米像從來沒有見過他一樣跟他打招呼。

變得如此健忘會有甚麼樣的體驗呢？H.M.和C.W.有充分的意識嗎？他們的意識是否與眾不同？還是別的怎麼回事？如果我們能覺察意識、測量它，甚至恰當地予以定義，那麼我們也許可以找到明確的答案。但我們所能做的只是觀察病人的言行。根據觀察，他們顯然具有某種意義上的意識：他們清醒、警覺，對世界充滿興趣，能夠描述自己的感受。但從其他方面來說，他們的體驗一定有很大的差異。

在C.W.的日記中，他不斷重複同樣的句子：「我剛剛第一次擁有了意識」。其他人則一遍又一遍大叫：「我剛剛醒來」。也許大家都熟悉那種突然變得十分清醒的生動體驗，彷彿我們之前一直都在做夢或深陷於沉思之中。這種被喚醒的感覺可能由我們周圍的美景所引起，也可能是由不經意說出的一個詞或發表的評論所引起，甚至是由問自己這樣一個問題：「我現在有意識嗎？」所引起。但無論原因是甚麼，這都是一個奇怪而特殊的時刻。但想像一下過這樣一種生活：你時刻保持清醒，但甚麼都記不住。

上述例子能夠引發我們對意識的連續性的思索。雖然遺忘病患者可以和常人一樣把當前作為一個統一的意識流來體驗，甚至會感覺到自己的體驗是連續的，從一個時刻延伸到下一時刻，但他們無法體會昨天變成今天，也不能規劃建立在過去基礎之上的未來。如果你相信存在任何形式的內在自我、靈魂或精神，面對這些事實你會覺得非常尷尬。是否在某處有一個真的自我，它能夠記憶一切，只是無法將之傳遞到受損的大腦？靈魂或自我也會隨着大腦的物理損傷而受到傷害嗎？更可能的情況是，我們對這種持續的有意識自我的感覺從某種程度上說是功能完好的大腦的產物，但這究竟是如何產生的呢？

這些例子可以幫助我們思考大腦功能如何與體驗產生關聯。還有一些更不可思議的腦損傷病例對統一意識的觀點提出了嚴峻挑戰。

視而不見

D.F.患有視覺物體識別障礙。儘管她的初級視覺能力和顏色視覺正常，但她不能靠視覺識別物體的樣式或形狀，叫不出簡單的線條圖的名字，也不認識字母和數字。但她能夠非常準確地取用日常用品，雖然她說不出它們叫甚麼。

在一個有趣的實驗中，研究人員讓D.F.看一排狹槽(像信箱上的那種槽)，並讓她畫出槽的方向，或根據槽的方向來調整線條的角度。她根本完不成這項任務。但如果給她一張卡片，她可以快速調整好方向，並把卡片投進槽裏。

乍看上去，D.F.似乎能夠看見(因為她可以郵寄卡片)，但缺乏看見的真實體驗。這好像意味着視覺可以和意識相分離，彷彿D.F.是一個有視覺的無意識軀體。這個結論基於我們對視覺和意識的天然想法，但研究表明，這個結論是錯誤的。

思考視覺的最自然方式大概是這樣的：大腦加工從眼睛進來的信息，因此我們有意識地看到一幅世界的圖畫，並以此指導我們的行動。換句話說，我們必須有意識地看到某物後才能據此行動。但事實證明大腦根本不是按這種方式組織的，如果真是這樣，我們可能就無法生存。事實上，人腦(至少)存在兩種截然不同的視覺通路，它們執行着不同的功能。

腹側通路從初級視覺皮層傳導至顳葉皮層，參與形成對世界的準確感知，但這個過程需要一些時間。所以與此同時，背側通路傳導至頂葉皮層，協調快速的視覺–運動控制。這意味着早在你看清球和障礙物之前你就能做出一些在視覺系統指導下的快速行動，例如回球、接住球以及跳起躲避障礙等。從這個意義上講，D.F.的例子是符合道理的。準確地說，它並不是

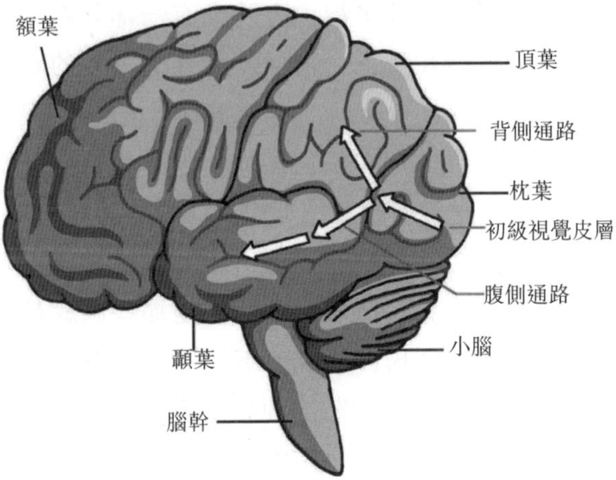

圖7　雙視覺通路。腹側通路負責感知而背側通路負責快速的視覺–運動控制。

視覺和意識的分離，而是行動與知覺的分離。她喪失了大部分負責物體識別的腹側通路，但保留了準確執行視覺–運動控制所需的背側通路。

這一點得到了其他許多實驗的證實。因此，我們對視覺自然產生的想法肯定有誤。在20世紀70年代，牛津大學神經心理學家勞倫斯．維斯克朗茲(Lawrence Weiskrantz)作出了一個更不尋常的發現。他那時在治療一位名叫D.B.的病人。這個病人的初級視覺皮層，即V1受到了損害。由於該區域的細胞和外部世界存在對應關係，所以該區域受損就會形成一個盲區或盲點。也就是說，當他平視前方時，有一部分區域他甚麼也看不到。這在日常生活中不會造成多大的麻煩，因為你總是可以轉動眼球。但在實驗中這一點很容易得到證明。如果你把一個物品或一張圖片放在人們的盲區，他們會說自己看不到那樣東西。

這個奇怪的發現是這樣的：維斯克朗茲讓D.B.從各個不同的角度看一些條紋，並問他那些條紋是水平的還是垂直的。D.B.自然說他不知道，因為他看不到任何條紋。但維斯克朗茲讓他猜。D.B.還是堅持說自己看不到那個區域，但他作出了猜測——他的答案的正確率接近90%。換句話說，雖然他自稱看不見，但數據表明他能夠看見。維斯克朗茲把這種自相矛盾的情況稱為「盲視」。

人們後來在其他盲視病人身上做的許多實驗都得到了類似結果。他們雖然都否認自己能有意識地看見事物，但有的人能夠把眼睛轉向物體，指出物體的位置，或者模仿盲區裏亮點或物體的運動；其他一些人能對刺激物作出瞳孔放大和其他情緒反應；還有幾個人能夠正確地猜出刺激物的顏色，雖然他們說自己「看不見」。

乍看上去，盲視為意識的各種理論提供了無可爭辯的證據。他們或許會這樣論證：盲視患者擁有客觀的視覺但缺乏主觀意識；他部分是一個無意識軀體，在沒有看的感質的情況下卻能看見；這就證明意識是

圖8　盲視患者雖然聲稱自己看不見刺激物，但是可以猜對。

一種額外的附加能力，獨立於視覺的客觀功能；它證明了感質的存在，也證明功能主義和唯物主義都是錯的。

但事情遠非如此簡單。最可能的解釋是：人腦中存在大約10條獨立的、並行的神經通路可以把視覺信息傳導至大腦。大約85%的細胞沿着主要的通路到達初級視覺皮層，但是其餘的細胞可能經由其他次要通路到達其他皮層和皮層下區域。這些次要通路不會受到V1損傷的影響(V1受損引起盲視)。因此，盲視患者具有的這種奇怪能力可能是由於這些次要通路的存在。舉個例子來說，假設控制眼球運動的通路完好無損，那麼病人轉動眼睛來跟蹤盲區裏的物體就不足為奇。他甚至能夠感覺到自己的眼球在轉動，因此能夠猜到那裏有一個物體。但如果失去了V1，他不可能認出物體或者識別其形狀、大小或其他特徵。從這個意義上講，他真的是失明了。

如果這個解釋正確，那麼盲視仍然不失為一個非常有趣的現象，但它並不能證明意識是獨立於視覺過程的。如果說盲視告訴了我們一些有關意識的信息，那麼這些信息就是：我們普遍認為存在單一的、中央的視覺體驗的想法恐怕是完全錯誤的。同以往一樣，視覺體驗如何進入意識這個問題還遠未得到解釋。

第三章
時間與空間

體驗的時間進程

意識會滯後於現實世界所發生的事件嗎？這個稀奇古怪的問題起源於神經科學家本傑明．利貝特(Benjamin Libet)在20世紀60年代開始的研究。他的發現催生出「利貝特延誤」或「滯後半秒」理論；同時，他的發現對自由意志和責任的研究也有重要意義，這一點我們將在第六章看到。

利貝特最早在病人的大腦上進行實驗。為進行必要的外科手術，這些病人的頭皮已經被揭開。同時，他們也許可利貝特用電極刺激他們的大腦皮層。人們早就知道大腦中有一個體感皮層區，其中有中樞和身體各個部分相對應。刺激體感皮層的任何部分都會產生知覺，彷彿身體相應部分被觸摸了一樣。如果刺激運動皮層，身體的某個部位就會動；如果刺激視覺皮層，我們就會看到事物；如此等等。

採用一系列持續數毫秒(一毫秒為千分之一秒)到幾秒不等的電刺激，利貝特發現：在一系列短電脈衝刺激下，病人毫無感覺；但在較長的脈衝刺激下，他們會報告自己感到手臂好像被摸了一下。利貝特的研究表明電刺激需要持續半秒才能讓病人報告「我感覺到了」。這似乎表明：有意識的體驗在刺激開始足足半秒後才產生。

很多採用意識感覺阻斷或掩蔽技術的實驗都證實了這一奇怪的發現。當時人們已經知道，在觸摸手臂後刺激體感皮層可以阻止個體感覺到這一觸摸。於是利貝特改變觸摸和電刺激之間的時間間隔。如果在觸摸半秒後刺激大腦，病人仍然感受得到被觸摸的感覺；但如果電刺激在觸摸半秒鐘以內，這種被觸摸的感覺就被埋沒了，彷彿從未發生過。

最顯而易見卻未必正確的解釋是：神經活動必須持續半秒以上才能產生意識。利貝特把它稱為「意識的神經充分性」。這種解釋非常奇怪。它意味着意識必須遠遠滯後於真實世界裏發生的事件，因此在對這個瞬息萬變的世界作出反應方面意識也就毫無用處。這裏非常重要的一點是要從大腦的角度來認識半秒是一個甚麼概念。觸摸手臂的信號在幾十毫秒內就可以傳導到腦部，聽覺刺激傳導的速度則更快。對光亮的正常反應時間為200毫秒，這其中涉及到大量檢測光亮並協調反應的神經元的激活。因此，意識在整個進程中如此晚才產生似乎有些不可思議，但這就是利貝特的結果似乎要證明的。

如果事實果真如此，我們為甚麼意識不到這個延遲？利貝特本人用「事後推定」或「主觀預期」現象來解釋個中原因。他認為意識的產生確實需要大腦皮層的活動持續半秒以上。我們沒有意識到這個延遲是因為一旦神經充分性達到後，我們會把事件的時間往前推。這是有可能的，因為當刺激(比如光亮一閃或者快速的觸摸)產生時，大腦會立即產生一個叫做誘發電位的及時效應。根據利貝特的理論，在我們有意識地感受到了手臂被觸摸時，體感皮層的活動一直在增強，直到達到神經充分性。一旦達到充分性，那麼觸摸發生的表面時間就被提前到誘發電位產生的時刻。否則，我們甚麼也感覺不到。正是這個原因，我們感覺不到意識的任何延遲。

醫學上的進步使得再做那種侵入性手術變得毫無必要，利貝特的實驗因此也不可能再重複了。不過，那些實驗結果通常都為該領域的大多數研究者所認可，但他們還未對實驗結果的正確解釋達成一致。利貝特本人是反唯物論陣營中的一員，他們相信這些結果對心腦等同的觀點提出了挑戰。像科學哲學家卡爾·波普爵士(Sir Karl Popper, 1902–1994)、神經生理學家約翰·埃克爾斯爵士(Sir John Eccles, 1903–1997)這樣的二元論者則以該結果作為非物質的精神力存在的證據。數學家羅傑·彭羅斯爵士(Sir Roger Penrose)則聲稱這些結果需要用量子理論來解釋。

丘奇蘭德和丹尼特對此完全不贊同。他們認為，這些結果只是表面上擁有這些奇怪的意義，因為人們不願放棄自己對意識的錯誤想法，還深陷在笛卡兒劇院的觀念中。這些錯誤想法讓意識這個問題變得似乎無法解決，但事實本不該如此。

有必要對這一反對意見略作進一步的探討。關於半秒延遲的天然想法大概是這樣：觸摸手臂(或其他任何刺激)誘發的神經信號從胳膊傳導到腦部，然後在大腦相關腦區進行加工，直到最終進入意識。與此同時，人感覺到了觸摸。這種看法認為存在兩種不同現象，它們擁有各自的時間進程。首先有一些客觀事件，其物理時間可以用儀器測量，比如電刺激的時間或某個特定的腦細胞放電的時間；其次，存在一些主觀體驗，它們有自己的時間進程，比如觸摸感覺產生的時間或觸摸進入意識的時間。

這個描述看似相當合理，無懈可擊。你可能對此完全信服，認為它必對無疑。但是我們需要注意它帶給我們的所有麻煩。如果你接受這個看似顯而易見的思考大腦的方法，那麼你不是局限於物質活動在大腦某個地方對應着精神活動的想法中，就是認為在某個時間無意識過程會神奇地變成有意識的過程，即無意識過程「變為意識」或「進入意識」的時間。但這究竟是甚麼意思？如果你這麼想，你馬上就遇到那個「困難的問題」和看似無法解決的意識之謎。

推進這個問題的一種方法是堅持這種天然的意識觀，並試着解決問題，也就是要解釋無意識過程如何變成了有意識的過程。這種方法產生了量子理論、各種形式的二元論以及我們已知的大部分有關意識的科學理論。利貝特本人的觀點是：當一群腦細胞的物理活動持續足夠長的時間時，該物理活動在某個時刻就從無意識變成了意識，但他並沒有解釋怎麼變或者為甚麼會變，因此這依然是一個謎。

另一種更為激進的觀點是摒棄意識體驗可以被測時的假設。要放棄這種對意識的天然想法極其困難，但還有其他一些奇怪的例子會使這種可能性更具吸引力。

鐘錶和兔子

想像你正坐着看書。正當你翻頁的時候，你意識到鐘在報時。之前你並沒有意識到鐘在報時，但此刻這個聲音突然進入了你的意識。在這一刻，你能記得之前你沒有刻意聽的聲音，也可以數你之前沒有聽到的鐘聲的次數。鐘聲已經響起了三次，你繼續聽下去，然後你發現已經是六點了。

這是一個很有説服力的例子，因為你可以核實你數得完全正確。類似的事情在存在背景噪聲的環境下一直在發生。你可能會突然意識到外邊馬路上鑽孔的聲音。這一刻之前你毫無察覺，但現在你似乎能夠記起在你覺察到噪聲之前那聲音聽起來像甚麼樣子。彷彿有一個人(如果不是你)一直在聽。這些體驗大家都再熟悉不過，以至於我們通常都會忽視它們，但它們真的值得我們更仔細地思考一下。

以時鐘為例，如果對意識的一般看法是正確的，那麼我們應該可以指出哪些體驗在劇院中或意識流中，而哪些不在。那麼鐘發出的前三聲「噹」聲該在哪裏呢？如果你認為它們一直在流(即意識)之中，那麼你無法解釋為甚麼你非常肯定它們是在後來才意識到的；另一方面，如果你認為它們是在流之外(即無意識的)，那麼你必須解釋當你意識到它們時發生了甚麼。是否像利貝特所認為的那樣，直到第四聲時才是有意識的，然後再從主觀上向前回溯？或者對它們的記憶一直停留在無意識狀態，直到你的注意轉換時才進入到意識中？除了難以解釋轉換的意義以外，這也讓我們的流變得非常奇怪，因為現在它似乎成了一種混合物，包含了我們一直都意識到的東西以及那些向前追溯時才加進來的東西。

其他許多例子也同樣表明了這個特性。在一個滿是人說話的嘈雜房間裏，你可能會忽然轉移你的注意，因為背後有人在說：「你猜傑里米昨晚說了些甚麼關於蘇的事……她……」。你豎起了耳朵。此時，你似乎已經知道說出的這一整句話。但果真如此嗎？事實上，如果不是因為提到了你的名字，你永遠不會聽到這句話。那麼這句話是在流之中還是流之外？

事實上，這個問題在任何言語中都存在。你需要在積累大量連續的信息之後才能理解句子的開頭。所有這一切發生時意識流裏有甚麼？它僅僅是無意義的噪聲還是難以理解的天書？它是否在中途從難解的天書變成了詞語？但你的感覺不是這樣：你感覺到人們在説那句話時，你在聽並且聽到了一句有意義的話，但這是不可能的。聽一個詞、或聽知更鳥唱歌也是一樣。只有當一曲唱完或整個詞都説出之後，你才知道你聽到的是甚麼。但在這一刻之前，你的意識流中有甚麼呢？

有一個叫做「皮膚兔子」的獨創性實驗最能夠清楚地闡明這個問題。為了獲得這種效果，需要一個人伸出胳膊，眼睛看着另一邊，與此同時，實驗者輕敲他的胳膊。原實驗使用的是一台機器來控制敲打，但讓經過仔細訓練的人用尖的鉛筆來敲也可以得到同樣的效果。實驗的要點是要採用完全相等的時間間隔和力量，在手腕敲五下，肘部附近敲三下，然後在靠近肩膀處敲兩下。

這個人會感覺到甚麼呢？令人奇怪的是，他只感覺到一連串輕敲迅速地從手腕傳到肩膀，而不是三種不同的脈衝，就好像有一隻小兔子從手腕一路蹦跳上去。「皮膚兔子」因此得名。

這個效應很奇怪，讓人忍俊不禁，但它引出的問

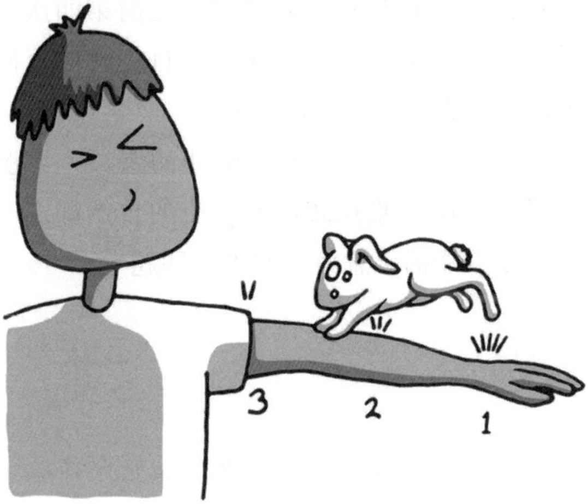

圖 9 皮膚兔子。實驗者在手腕迅速敲五下，肘部敲三下，然後在上臂敲兩下，但產生的感覺卻像是有一隻小動物從手腕往上跑。如果還沒有開始敲擊肘部，大腦怎麼知道把兩至四下敲打歸於甚麼位置？最初的感覺是不是被覆蓋了，進入意識的時間被延遲？或是別的甚麼原因？

題卻是很嚴肅的。當肘部的敲打還沒有完成時，大腦怎麼知道把第二、第三、第四次敲打歸於甚麼地方？如果你堅持自然的觀點，即認為任何一次敲打(比如說第四次)不是已經被意識到，就是在無意識中(在或不在流之中)，你就會遇上大麻煩。例如，你可能需要說個體在正確的位置(即手腕處)意識到了第三次敲打，但稍後在第六次敲打完成後，先前的記憶消失，取而代之的是有意識的體驗，即敲打發生在腕肘之間。如果你不喜歡這個解釋，你可能更願意說意識停頓了一段時間，等所有的敲打進來才決定敲打發生的地方。

在這種情況下，在第六次敲打完成之前第四次敲打一直處於無意識狀態，然後第四次敲打從時間上回推，以便被放在意識流的正確位置。

我們似乎要再一次面對不愉快的選擇：要麼解決這些問題，要麼放棄意識體驗的流的自然觀念。最後一個例子或許能揭示意識流的更多問題。

無意識駕駛

甚麼是注意？1890年，威廉・詹姆斯作出了一個有名的論斷：「人人都知道甚麼是注意」。但在經過許多場爭論和成千上萬次的實驗之後，似乎沒有人知道甚麼是注意，甚至可能沒有一個單一的過程可以研究。意識的很多方面乍一看似乎都非常簡單，也容易理解，但你思考得越多你就會發現它們越是奇特，注意就是這其中的一個方面。

思考注意最自然的方式是把它看成探照燈。我們可以用它照亮一些事物，把其他事物留在黑暗中。有時這個「探照燈」會違背我們的意志，被巨大的聲響或某個喊我們的名字的人所奪走；但其他時候「探照燈」則服從我們的指導，如現在願意停下來想一想我們正讀的這本書，然後再去窗戶邊向外看一兩分鐘。指引注意的這個能力不僅是我們所看重的，而且似乎也是由我們的意識完成的。這看似我能有意識地決定

圖10 注意「探照燈」。我們是否像導演一樣，有意識地決定把我們的注意一會兒指向這兒，一會兒指向那兒？

注意的對象，但我真的可以嗎？

如果我們想一想大腦內部發生的事情，這個自然的想法就會變得更加難以理解。大腦內有無數同時並行發生的過程，包括協調知覺和思維以及控制我們的行為。也許思考注意最好的方式是將其看成分配大腦加工資源的一個系統或系統集。所以當我專注於對話時，有更多的加工資源分配給大腦負責聽覺和語言的部分，而給視覺和觸覺的資源則較少。當我在關注一場比賽時，更多的資源就分配給了視覺，等等。

現在我們可能會問「究竟是甚麼在指揮資源的分配？」心理學家做了成千上萬個實驗來研究不同的刺激物如何指引注意，如何分配注意以及發生這一切時，大腦哪些部分處於活動狀態。但意識究竟在哪裏起作用呢？從大腦的角度看，甚麼能夠對應於我在大腦中有意識地指揮演出這種強烈的感覺呢？這只是說明意識與注意的關係並不明顯的一個原因，其他原因還有很多。儘管我們在理解注意的問題上取得了長足的進步，但目前還沒有一個普遍接受的理論能夠把注意和意識聯繫起來。有些理論家把意識等同於注意，其他人則聲稱它們是完全不同的現象。有人認為沒有注意意識就不存在，但其他人卻並不贊同。

無意識駕駛的現象生動地說明了這個問題。任何一個駕駛技術高超、嫻熟的人大概都有這種奇特的經驗。你沿着一條熟悉的道路去單位、學校或朋友家。你一邊開車一邊開始想別的事，不一會兒你就到了。你知道你一定是開車過來的，但你一點兒都不記得開車的事，就好像你對開車的過程完全無意識，即使你當時非常清醒。

這是怎麼回事？其中一個可能的解釋是你關注的只是自己的白日夢而不是開車。但如果把注意看成一種加工資源，那麼這就是不正確的。開車並不是一件簡單的事，必須要分配許多加工資源給它。在整個路途中，你可能會碰到好幾個紅燈，你需要停下來等紅燈變綠時再起步；你會通過交叉路口，與前車保持安全距離；遇到上下坡和彎道時需調節車速，看到限速牌時要放慢速度，並向在你從路邊併入行車道時給你讓路的司機揮手致謝。這些任務都需要嫻熟的技巧；它們需要在視覺、聽覺、運動控制、作決策以及更多方面進行複雜的協調。因此，這裏的重點是：你的大腦不是沒有注意這個任務，而是它能夠自動完成這項任務，只是你沒有意識到。看起來就好像所有的事情都在你不存在的情況下發生着。

這如何解釋呢？引入尋常的劇院或流的比喻來描述這個差異看起來最輕鬆自然不過。在有意識的情況下，所有那些變化的交通燈、斜坡、彎道以及其他車輛都出現在我們的心靈劇院中，並在我們的意識流中得到體驗；在無意識的情況下，白日夢取代了表演，交通燈、彎道和汽車從來都沒能進入意識流。

只有當我們試圖將該想法與大腦活動相聯繫時，這個問題似乎才會出現。讓我們考慮開車過程的一個小小的方面，如觀察到信號燈變紅並停車時所涉及到的大腦加工過程。不論是否意識到，在視覺皮層、在負責計劃功能的額葉皮層和在協調手腳動作的運動皮層一定進行過很多的加工過程。在兩種情況下，你都成功地停下了車。但在一種情況下你意識到了這一活動，在另一種情況下你卻並沒有意識到。區別何在？

我們已經知道大腦中並沒有一個可供自我觀看演出的中央屏幕，也沒有一個產生意識信息的中央處理器，但其中必然有某種重要的差異。是甚麼差異呢？這是任何一個講得通的意識理論都必須解釋的問題。現在是時候考察一些最流行的理論並瞭解它們如何看待這個神奇的差異了。

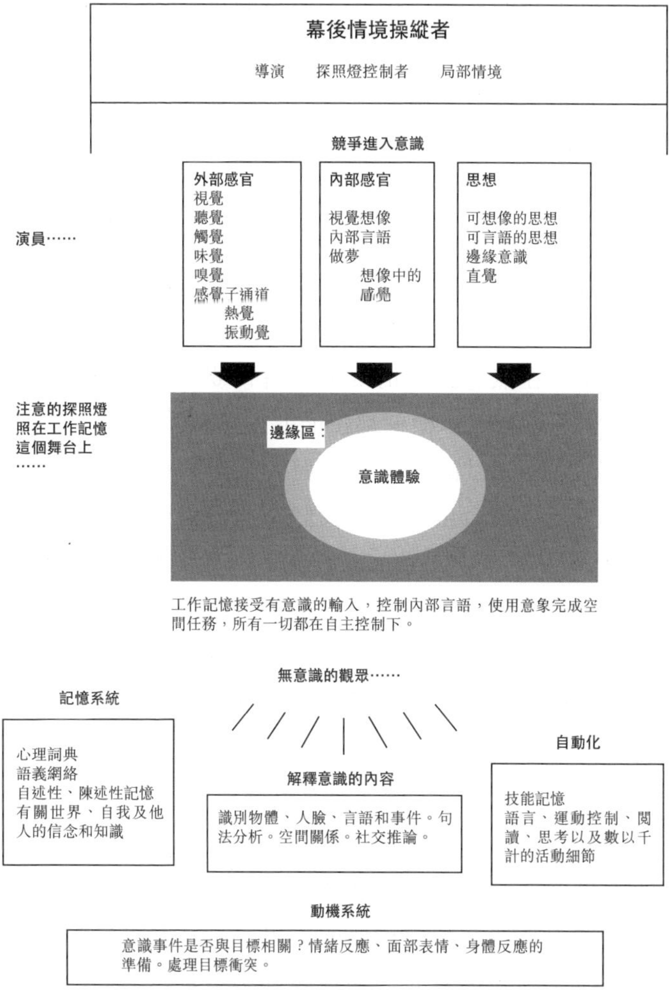

圖11 全域工作空間理論。依據巴爾斯的理論，意識的內容就是一個全域工作空間的內容，對應於心靈劇院中被照亮的舞臺。

你現在意識到甚麼？

你可能非常肯定現在自己的意識裏究竟有甚麼，但果真如此嗎？多年來，我一直鼓勵學生每日數百次地問自己一系列難度漸增的問題，如「我現在有意識嗎？」，「現在誰有意識？」或者「我是有意識地做那件事的嗎？」。通常，他們從確信自己整天都是有意識的，變成了對此表示嚴重懷疑的人。他們認識到正是由於問這個問題而讓自己發生了變化。

「我剛才意識到甚麼？」這個問題特別有趣，我花了很多時間來冥想。如果真有意識流，那麼必然有一個答案——我意識到這一點而非那一點。但一旦你開始認真尋找，就會發現自己可以回過頭來從幾種思緒中任選一種，如車流的噪聲、呼吸的感覺或草的樣子。起初，選擇其中一種似乎會趕跑其他思緒。但隨着練習的增加，意識會發生改變。你會清楚地發現，總有許多思緒同時在進行，確實沒有任何一個思緒是真正在意識之中的，直到你抓住它。

對意識的探索能夠改變意識本身嗎？如果答案是肯定的話，我們可能很容易被蒙騙，也可能學會拋棄錯覺。

意識的理論

我收到過很多人的信和電子郵件，他們都自稱已經解決意識之謎並願意告訴我他們的理論。其中絕大多數可以分為兩類：一類是主張獨立的心思、靈魂或精神的二元論觀點；另一類則是引用現代物理學的偉大發現。

二元論(身心分離的觀點)總是很具誘惑力，因為它與我們對意識的感覺是那麼契合。但只有極少數哲學家或科學家相信二元論是對的。當代幾乎僅有的例子就是波普爾與埃克爾斯在70年代提出的互動二元論。他們認為存在一個非物質的、自知的精神，獨立於無意識的物質的大腦。這種精神能夠通過在數十億計的突觸(神經元之間的結合點)上發生的準確地平衡過的交互作用來影響物質的大腦。波普爾與埃克爾斯可以很容易地解釋無意識駕駛，他們認為非物質的精神只與負責白日夢的那部分大腦相關，而與負責視覺和駕駛的腦區無關。但與其他類型的二元論一樣，該理論沒有解釋主觀體驗從何而來(主觀體驗只是被假設成自知的精神的一個特性)，也沒有説明互動的機制。

我見過的所有用二元論來解釋意識的嘗試都面臨類似的問題。獨立的心靈被創造出來以完成獲取意識的工作，但始終還沒有一個令人滿意的解釋來説明它是如何與世界或大腦交互作用的，除非用魔力來解釋。

建構在近代物理學基礎之上的理論則另闢蹊徑。一些人把量子物理學中出現的非局域性及特殊的時間行為與意識領域的類似效應相類比。其他人借用了這樣一個有爭議的觀點，即需要一個有意識的觀察者來解釋量子力學中的波函數坍塌。但最有名的理論是基於微管的量子計算。麻醉師司徒華・漢莫洛夫(Stuart Hameroff)和數學家羅傑・潘洛斯爵士(Sir Roger

Penrose)認為在每個腦細胞中發現的細小的微管並不是像大家所認為的那樣結構簡單，微管的設計是為了實現量子相干和全腦範圍的量子聯繫。他們認為這解釋了意識的統一性和自由意志的可能性以及利貝特發現的奇特的時間效應。這裏真正的困難在於主觀性。即使大腦確實出現了量子計算(這一點還極具爭議)，這還不能解釋個人的主觀體驗是如何產生的。許多人作結説意識的量子理論只不過是用一個謎替代另一個謎罷了。

我接下來要討論的理論都是基於傳統哲學與神經科學，如哲學的「高階思維」(HOT)理論。這些理論都表明，只有當人同時也擁有高階思維並達到能意識到它的程度時，感覺和思維才是有意識的。例如，只有司機有見到紅燈的高階思維相伴時，他才能意識到自己看見了紅燈。高階思維理論不用引入任何特殊的意識神經元就可以解釋這個神奇的差別。有意識的思考指的是那些存在着與之相關聯的高階思維的思考。因為高階思維的建立需要時間，所以這也能輕而易舉地解釋那些奇怪的時間效應。但高階思維理論否認動物擁有意識，因為它們不具備高階思維。

高階思維理論也難以解釋深度冥想之類的狀態，因為這時人們聲稱自己擁有清醒的意識，只是沒有任何思想。如果要用高階思維理論解釋無意識駕駛現象，那麼我們只有假設那名司機一直在想「我在做白日夢」。

更牢固地植根於心理學和神經科學的理論是全域

工作空間理論。這一理論首先由心理學家伯納德·巴爾斯(Bernard Baars)在20世紀80年代提出。該理論源於大腦是按功能組織起來的全域工作空間的觀念。在這個空間中，一次只有少數項目能夠得到加工。同時該理論也非常依賴心靈劇院這個比喻。在任何時刻，意識中這極少的幾個項目都相當於處於舞臺中心由注意的探照燈照亮的事物，亮點周圍還環繞着意識程度較低的邊緣區。在舞臺之外則是無意識的觀眾坐在黑暗中，裏面充滿了無數能夠影響舞臺上的演出的無意識的背景系統。

根據這個理論，讓一件事變得有意識需要在全域工作空間裏對其進行加工並能夠傳播到其餘的(無意識)系統。因此，當你有意識地駕駛時，有關紅燈和其他汽車的信息在全域工作空間裏得到加工，並傳播到大腦其他區域，使其可以影響其他行為，如言語和記憶等。一旦你的工作空間被白日夢所填滿，紅燈和汽車則被發派到邊緣區，甚至是黑暗裏，並且不會被傳播。

全域工作空間理論的優勢在於它清楚地描述了哪些事件應該被意識到，即那些存在於工作空間裏並且可以被全域取用的事件。該理論遇到的困難在於無法解釋為甚麼被傳播的信息或無意識觀眾可全域取用的信息因此就成為有意識的了(即有所體驗)，而其他信息則不能。事實上，主觀性這個核心問題仍然是一如既往地神秘。

這一點對於當前的多數理論來說都是如此。例如，神經生物學家傑拉爾德·埃德爾曼(Gerald Edelman)和朱利歐·托諾尼(Giulio Tononi)提出，當巨大的神經群在腦中形成動態核時，意識就產生了。這個動態核中包含了丘腦和皮質之間的往返神經聯繫。藥理學家蘇珊·格林菲爾德(Susan Greenfield)認為意識不是一個全或無的現象，它隨着神經集結或相互連結並協作的大群神經元的數量的增大而增多。這一看法也許是對的，但這些理論都不能解釋為甚麼神經網絡(無論有多大或者組織得有多恰當)能夠首先產生主觀體驗。

這些理論可能最終解釋這一點。同時，試圖提出可能與意識相關的神經結構，並努力揭示其工作原理，這是一個十分有效的策略。埃德爾曼和托諾尼就在朝此方向努力，他們試圖發現神經元群的特性與意識的特徵之間的聯繫。沿着這個方向，這個策略最終可能會有所收穫。但到目前為止，我認為還沒有哪個理論能夠解開主觀體驗這個根本的謎。所有這些理論都接受這樣一個基本前提：任何時候都有一小部分事物在心靈劇院或者意識流之中，而其餘事物則不在，但它們不能說明為甚麼任何一種客觀的大腦活動都可以產生一系列有意識的體驗。

另一種全然不同的辦法是放棄解釋意識劇院的努力，這不是說要變成一個神秘論者，也不是說卑微的

你現在意識到甚麼？

你可能非常肯定現在自己的意識裏究竟有甚麼，但果真如此嗎？多年來，我一直鼓勵學生每日數百次地問自己一系列難度漸增的問題，如「我現在有意識嗎？」，「現在誰有意識？」或者「我是有意識地做那件事的嗎？」。通常，他們從確信自己整天都是有意識的，變成了對此表示嚴重懷疑的人。他們認識到正是由於問這個問題而讓自己發生了變化。

「我剛才意識到甚麼？」這個問題特別有趣，我花了很多時間來冥想。如果真有意識流，那麼必然有一個答案——我意識到這一點而非那一點。但一旦你開始認真尋找，就會發現自己可以回過頭來從幾種思緒中任選一種，如車流的噪聲、呼吸的感覺或草的樣子。起初，選擇其中一種似乎會趕跑其他思緒。但隨着練習的增加，意識會發生改變。你會清楚地發現，總有許多思緒同時在進行，確實沒有任何一個思緒是真正在意識之中的，直到你抓住它。

對意識的探索能夠改變意識本身嗎？如果答案是肯定的話，我們可能很容易被蒙騙，也可能學會拋棄錯覺。

人類永遠不能揭開這個巨大的謎團。相反，這是要說心靈劇院的存在只是一個幻覺。正如我們所看到的，丹尼特聲稱笛卡兒劇院並不存在。在他數易其稿的理論裏，他甚至走得更遠，完全拋棄了心靈像一個劇院的觀念，甚至也完全否認有些事情存在於我們的意識中而有些則沒有的想法。在丹尼特看來，大腦一直都在並行處理來自世界的各種信息，而且沒有一個信息是意識之中或者之外的。當用某種方式探測該系統時——比如問他們意識到甚麼，或者讓他們對某個刺激作出反應，這時他們可以決定並告訴你他們意識到了甚麼。但在這之前，你無法知道那個事物究竟是在意識之中，還是在意識之外。

這一理論嚴重違背直覺。它推翻了我們一直深信不疑的觀念，即在任何時候我們都確切地知道自己意識到的是甚麼——或正在經歷甚麼樣的感質。但該理論也有自己的優勢：它能夠很好地解釋我們在這裏看到的奇特的時間效應。利貝特延誤的產生是因為語言探測到這個信息需要時間。時鐘的報時聲和開車從未出現在意識之中或之外，因此不會遇到種種問題。但這豈不是消除了我們試圖解釋的現象？有人認為確實是這樣，並指責丹尼特將意識「解釋跑了」。

我不同意這種說法。顯然還有一些我們稱為「意識」的東西需要解釋。但這真的是我們所認為的整合的體驗流嗎？我們每個人都知道自己當前的意識中有甚麼嗎？我認為我們可能必須打消這個念頭，並開始承認我們可能被自己對心靈的看法深深地迷惑住了。

第四章
一個巨大的幻覺

幻覺的本質

意識是一種幻覺嗎？人類對自身精神的看法有可能大錯特錯了。這種可能性表現在很多方面——自由意志是一種幻覺，笛卡兒劇院是一種幻覺，自我是一種幻覺，豐富多彩的視覺世界也是一個「巨大的幻覺」。

我們應該首先搞清楚「幻覺」這個詞的含義。詞典的定義如下：

> 被外表迷惑和欺騙的事實或情形……錯誤的理解或觀念；欺騙、錯覺或幻想（《牛津英語詞典》）

或

> 導致對客觀存在的真實本質作出錯誤解釋的知覺方式（《韋伯斯特詞典》）

換句話說，幻覺並不是不存在，只是事情與其表象是兩回事。

圖12 幻覺是指某物並非它看起來的那樣。在這個視錯覺中，上面那名男子看起來較高大，實際上他們卻是完全一樣的。

圖12中的視錯覺是大家最熟悉的視錯覺現象。這條隧道造成了一個高大兇猛的男子正在追逐一個驚恐的小孩的印象，而實際上這兩個人是一模一樣的。這個簡單的錯覺的原理是：我們看到向後延伸的隧道，這表明兩個人離得非常遠。視覺系統的自動機制斷定

距離遠的人比近的人高大。雖然這兩個人不一樣大的視覺印象會不斷回到我們的腦海裏，但通過本例和其他許多視錯覺現象，我們可以認清這些錯覺的原理，並提醒自己不要再次上當受騙。

類似的原理是不是也適用於整個意識？如果是，那麼結論就是：意識並非不存在，只是它似乎不像看起來的那樣。這意味着我們對意識的天然想法肯定有誤，必須要將其拋棄。既然我們似乎在認識意識的過程中遇到了麻煩，這一想法可能會有所幫助。

為了探討這一觀點，我們必須從意識的表現方式開始，然後考慮這種想法為甚麼可能是錯誤的。把心靈看成劇院是一個非常強大的誘惑(我們已經探討過它可能錯誤的原因)。另一個誘惑是我們感覺到意識是某種力量或權力，我們需要它來完成那些最需要智慧或最困難的事情。創造性思維、作決定和解決問題可能是一些很好的例子，但事實證明其中一些事情在無意識的情況下完成得最好。

舉一個簡單的例子，請看下面這則兒童謎語：

> 有一天，天空晴朗無雲。我步行穿過一片田野，突然看見草地上放着一條舊圍巾、一根胡蘿蔔和兩塊煤。它們怎麼到那裏去的呢？

如果你不能馬上回答這個問題，你會為此絞盡腦汁：你苦苦思索，試圖有意識地找出答案，或者想像出一個十分生動的場景，竭盡了全力。而一旦看到答案，你會覺得這真的是再明顯不過。如果你還不明白，那麼就讓這個問題再「捂」一會兒，看看後面會發生甚麼事。(答案在96頁，但現在請不要看。)

對深思的研究表明：有時人們先思考一下某個問題，然後又放下去想別的問題，而第一個問題的答案有時會不自覺地自動跳出來。類似情況在富於創造力的藝術家和科學家身上也時有發生。絕妙的創新方法和科學問題的解決方法並不只是奇跡般產生的；通常出現的情況是：科學家或發明家會花上數小時、數天甚至數年的時間來解決一個難題，他們將所有的片段放在一起，擊破各個難點，但始終未能找到最終的解決辦法。於是他們停止思索，想想別的事。然後答案忽然 的一下跳了出來——我找到了！這看起來就好像大腦的某個部分在一直不停地工作，並自己找到了解決方案。

有些實驗也探討了一類特殊問題，它們雖然有解，但往往過於複雜而難以用邏輯思維解決。它們需要別的、被我們稱為直覺的方式來解決。在一個著名的實驗裏，人們玩模擬工廠製糖的電腦遊戲。人可以控制職工人數和工資等變量，但並不知道背後的公式。很快，他們能夠更好地穩定食糖的產量，但他們並不清楚自己是如何做的。事實上，那些自認為知道怎麼做的人反而比不知道的人表現得更糟。

在我們這個高度複雜的社會裏，類似的情況也許一直都在發生。我們遇到一個陌生人，很快就能根據他的表情、衣着、手勢和聲音判斷他是敵是友，是否值得信賴、聰明與否。但這是怎麼做到的呢？除了具有各種先天的能力外，我們一生之中都在與人接觸並觀察他們後來的種種表現。我們不可能確切地記住所有這一切，或得出一些公式來計算其中的概率，但這些都是在大腦的某個系統中完成的，所以我們最終作出可靠的判斷。

這種內隱加工能夠解釋很多我們稱為情緒性決策或者直覺的現象，因為我們不知道答案從何而來——我們只是隱隱覺得甚麼是對的，或「知道」該怎麼做。這些往往都是被忽視的重要技能。歷史上許多思想家都推崇理性，但往往以犧牲情感為代價；他們將純理性思維提升到至高無上的地位，並把理性精神從身體中獨立出來。這就是神經學家安東尼奧·達馬西歐(Antonio Damasio)所說的「笛卡兒錯誤」。他所提供的證據表明情緒感受能力是思維和決策所固有的組成部分。比如，額葉受損的病人情緒波動很小，但他們不會變成超級理性的決策者；相反，他們似乎拿不定主意。

我們還可以對我們沒有意識到的各種刺激，即潛意識(或閾限下)刺激作出反應。潛意識感知的名聲很差，可能是因為有人聲稱做廣告者可以在電影或電視節目中插播簡短的訊息而使人們購買其產品。其實，這種花招並不起任何作用，人們的購買行為很難受此影響。潛意識的錄音帶也同樣沒用。比如，有人聲稱，聽一盒含有無法聽到的信息的錄音帶，或者在睡覺時放給你聽，這樣就能教會你新的語言、新的技能，甚至改變你的生活。事實上，除非你能聽到這些信息，否則你幾乎甚麼也學不到。

拋開這些説法不管，潛意識感知現象是真實的。例如，當人們被一個飛快閃過的、無法有意識地看清的詞啟動後，這個詞仍然能夠影響他們接下來的反應。所以如果閃現的詞是 river(河)，那麼下一個詞 bank(河岸或銀行)更有可能被解釋為河岸，而不是存錢的地方。同樣，如果閃現的是一張笑臉或眉頭緊鎖的一張臉，人們更可能對緊接着出現的無意義符號作出積極反應。這些連同其他許多實驗都表明，我們隨時都會受到周圍無數我們沒有察覺的活動的影響。我們聰明的大腦用極其複雜的方式加工這些信息，但是我們對此知道得少之又少。

我們很容易這樣想像：人腦大部分都由無意識構成，然後有小部分的前意識或潛意識，最後才是意識，這就是我們所知道或直接體會到的。但我覺得這種傳統看法肯定不對。

填補空白

你是否有過這樣的經驗：眼前突然出現一個你之前沒有注意到的東西——一副你以為丟了的眼鏡、一本你沒有注意到的書、鄰居花園中的一個雪人？在那一刻之前，你的意識中有甚麼？正如威廉·詹姆斯在1890年感歎道：「世界本應存在許多空白，但我們卻感覺不到」。在我們對房間形成的圖像中沒有眼鏡形狀的空白，也沒有像書那種形狀的空白，在草坪上也沒有雪人形狀的空白。是不是我們的大腦填補了空白？有沒有這個必要？

這種尋常的體驗看起來非常奇怪，其中可能的原因如下：我們設想在自己的頭腦或心靈的某處有一幅世界的完整圖像，這就是有意識的體驗。畢竟，環顧四周，我們看不到空白，因此，我們認為內部一定有一個沒有空白的世界。幾十年以來，這種認為頭腦中存有一個詳盡的對世界的內在表徵的觀點一直是絕大多數認知科學的基本假設。但正如一些簡單的實驗所揭示的那樣，以這種方式來思考大腦有可能是錯誤的。

首先，人眼有一個盲點。人眼的設計方式非常奇怪，這也順帶揭示了進化的偶然性。在遠古的某個時候我們的祖先發展出了簡單的眼睛，眼睛裏的神經元攜帶幾粒光感受細胞所接受到的信息一直前行，然後返回簡單的大腦。自然選擇總是在已有的構造上進

圖13 尋找盲點。舉起書，伸直胳膊。用一隻手遮住右眼，然後用左眼盯住右邊的小黑點。現在你緩慢地來回移動這一頁。你會發現，到某個距離時，左邊這個笑眯眯的小貓突然消失了。這是因為現在它正落在你的盲點上。

行，無論它是甚麼，因此原始的眼睛經過修改逐步發展成為一個複雜的眼睛：擁有肌肉、鏡片和成千上萬個緊緊地擠在一起的感受器。此時，神經元已經阻擋了光線，然而進化卻未能發現它已誤入歧途，應該回頭重新開始，所以它繼續照原先的計劃進行。這樣帶來的後果是：神經元阻擋了感受器，彙聚成了一個大束，也就是視神經，然後從視網膜中穿出，結果在視網膜上面形成了一個沒有感受器的洞(離中心約15度)。在這一部分，我們的眼睛甚麼也看不見。我們注意到了嗎？根本沒有。如果你想證實，照着圖13的說明試一下。

在日常生活中，我們根本注意不到這兩個盲點。部分原因在於我們有兩隻眼睛，每隻眼睛都能彌補另外一隻留下的空白。但即使遮住一隻眼睛我們也看不到視野中存在一個洞。為甚麼不會呢？這個問題和前面那個問題一樣。是不是大腦填充了缺失的信息，從而遮蓋了空白？如果是的話，它是用甚麼呢？在這個填充的問題上一直存在着激烈爭論。

丹尼特認為大腦不需要用細節填補空白，也沒有這樣做。這是因為看並不像複製圖片那樣，是為內在的自我構建一幅世界的圖像的過程，而更像一個猜測或假設那裏存在着甚麼的過程。這種概念上的填充時時都在發生。現在你大概可以看到很多物體遮蓋了其他物體：書遮住了部分案頭；地毯在桌腿後面消失了；汽車遮擋了風景。你當然看不到風景裏存在一個汽車形狀的洞，但你也無需用貌似合理的大樹或者灌木來填補空白。你的視覺體驗是：這是一片完整連續的風景，即使你看不到它的全部。

丹尼特現在讓我們想像進到一個房間，裏面貼滿了同一幅瑪麗蓮·夢露(Marilyn Monroe)的畫像。他說我們會在幾秒鐘內看到房間裏有數百幅一樣的畫像，而且如果有一張畫上的夢露戴着帽子或者留着搞笑的鬍子，我們也會很快注意到。我們自然而然的結論是：現在我們頭腦中一定有一幅詳盡地描述所有瑪麗蓮畫像的圖像。但丹尼特說這是不可能的，因為只有位於視網膜中心的中央凹才能看得清楚，而我們的眼睛每秒只能進行約四次或五次掃視(大的眼動)，因此我們不可能看清每一幅畫。我們能看到這麼多有賴於眼睛的特徵覺察器，它能夠發現整個房間中重複出現的模式，以及專門的「彈出」機制，它能讓我們注意一些獨特的特徵，如搞笑的鬍子或不同的顏色。所以我們看到的根本不是一幅詳盡的內部圖畫，而更像是猜測或假設房間裏有很多相同畫像，或者有很多相同畫像這樣的表徵。大腦不需要把每個夢露單獨反映在內部圖像上，它也並沒有這樣做。我們有一種清晰的感受，即每一個細節都在大腦裏面，但實際上它們只是停留在外部世界。填充缺失的夢露畫像顯得毫無必要，大腦也不是這樣做的。

但在心理學家理查德·格雷戈里(Richard Gregory)和V.S.拉瑪錢德朗看來，填充過程確實存在。他們採用下面的方法創造了人工盲點：他們讓人盯着看一個閃着「雪花」的屏幕的中心，但在偏離中心六度的地方有一個灰色的小方塊，其中就沒有「雪花」。最初，實驗參與者能看見這個灰塊。但大約過了五秒鐘後，方塊也如其他地方一樣充滿了「雪花」。接下來，當整個屏幕全變灰後，「雪花」仍顯現在那個方塊中，並持續兩三秒的時間。其他實驗則揭示了顏色、紋理和運動填充等不同的機制。例如，在一個實驗中，一個粉紅色背景上面閃爍着稀疏的黑點，而方塊中則是一些黑點在灰色的背景中水平運動。如果你一直盯着屏幕，你會發現方塊會在幾秒鐘後消失，但這個過程分成兩個不同階段：首先，灰色變成粉紅；然後，圓點由移動的變成了閃爍的。

另一個類似實驗使用英文或拉丁文作背景。方塊的填充方式跟上面一樣，但奇怪的是，實驗參與者說他們現在在方塊中看到了字母，但不會念。有趣的是，這種現象也出現在夢境中，人們夢見了書報或者巨大的標牌，他們能夠看到文字但是卻讀不出來。那麼他們看見了甚麼？也許，他看見的更像是字的這種想法，而不是一個真正有字的區域。

關於填充的爭論遠沒有平息，但這些實驗提示填充的過程確實存在，雖然它不太可能是在內心的圖畫中一點一點地填充細節。

變化盲

假設你參加了這樣一個實驗，你的任務是看圖14中左手邊的這幅畫。正當你移動眼球的這一刻，你看到畫突然變成了右手邊的這一幅。你能注意到它們之間的差別嗎？大多數人都確信自己能，但他們都錯了。

這種現象就是變化盲，已經在很多不同的實驗中都得到了驗證。20世紀80年代的首批實驗使用了眼動儀這種設備。從實驗參與者眼睛中反射回來的激光束能夠檢測到眼睛的移動，並據此立即改變實驗參與者正在看的文字或圖畫。參與者甚至無法注意到一些非常明顯的大變化。眼動儀很昂貴，但我試了一個比較簡單的方法，就是稍微移動圖片，迫使人們移動眼睛，同時改變他們看到的圖像。我發現了同樣的結果，因此可以得出結論説豐富多彩的視覺世界只是一

圖14 變化盲。如果在你移動眼球或者眨眼的時候交換這兩幅畫，你不會看出任何變化。變化盲的實驗表明，看見並不需要建立視覺世界的詳細表徵。

個幻覺。後來人們還使用過許多其他方法。最簡單的方法就是在兩幅照片之間快速閃現一個灰塊；照片可以來回變換，從一幅變到另一幅，直到觀察者發現變化。一般來說，人們需要好幾分鐘才能發現一個很大的物體改變了顏色，或者整個消失了。這種體驗極其令人沮喪。你看來看去，卻看不出任何變化。如果你和別人在一起，你會聽到他們在笑話你；然後你突然看出了那個明顯的差異，你無法想像自己之前怎麼沒有看出來。

　　這個效應之所以產生是因為上述所有方法都讓

「彈出」機制和運動覺察器失去作用，正是這兩種機制常常提醒我們有東西發生變化了。沒有這些機制，我們只能全憑眼球移動前後的記憶——正如上述實驗所表明的那樣——我們對剛剛看過的東西的記憶是出乎意料地差。

但我們為甚麼會驚訝呢？原因很可能是這樣的：我們認為當我們環視一個地方時，每多看一眼我們接收的圖畫就多一分，直到我們對那裏有甚麼已經完全心中有數。這就是我們感覺到的看的過程，這也是我們所認為的看的原理。但如果是這樣的話，我們一定會記住畫中的欄杆，我們也會注意到其頂部消失了。

變化盲現象有力地表明，視覺建構方式的天然理論一定有不對之處，但我們並不清楚它究竟錯在哪裏。

一種可能的解釋認為注意是回答這個問題的關鍵。那麼密切注意某事是否能讓你不至於錯過變化呢？心理學家丹尼爾·萊文(Daniel Levin)和丹尼爾·西蒙斯(Daniel Simons)用實驗檢驗了這個問題。他們製作了一些短片，其中有些物體要麼就是消失了，要麼改頭換面或變換了顏色。在一部影片中，劇中唯一的那名演員坐在房間裏，當他正要起身向門口走去時電話響了。然後畫面切換到門外，接下來一個完全不同的人接起了電話。只有三分之一的觀察者發現了這一變化。

你可能會認為這是電影中的一些花招所致。但令人驚訝的是，萊文和西蒙斯用日常生活環境中的普通人做實驗也證實了同樣的效應。在一個例子中，他們讓實驗者在康奈爾大學校園裏接近一名行人，並向他問路。實驗者讓行人一直不停地説話，這時兩名扮作工友的助手抬着一扇門粗魯地橫在他們倆中間。這時，實驗者抓住門的背面，並與其中一個抬門的人作了交換。現在跟這個可憐的行人説話的是完全不同的一個人。但只有一半的行人注意到這個替換。同樣，當人們被問到他們是否能夠覺察到這個變化時，他們都確信自己可以——但他們錯了。

這對我們的日常生活很有啟示。例如，在發生變化的那一刻出現的「濺泥」或毫無價值的污點也可以引起變化盲。這種情況經常在路上和空中發生，這就意味着如果在需要進行一些關鍵操作時正好有泥點擊中擋風玻璃，司機或飛行員就可能犯下嚴重錯誤，這完全可以釀成一些莫名其妙的事故。但這裏我們所關心的是其對意識的意義。

大幻覺理論

變化盲和非注意盲的發現對我們大多數人思考自身視覺體驗的天然方式提出了挑戰，即如果我們相信有一系列豐富詳盡的圖片一個接一個地穿過我們的意識，我們必定錯了。這就是眾所周知的「大幻覺」理論——或整個視覺世界都是一個大幻覺的理論的基礎。

我們怎麼可能犯如此的錯誤呢？如果錯了，我們就需要理解幻覺是如何產生的以及我們為何會對它信以為真。有好幾種不同的理論都試圖解釋這些現象，它們共同的出發點是：每次移動眼睛時，我們就會丟掉大部分已知信息。顯然，我們必須保留一些信息，否則世界將變得完全無法理解，因此這些理論的不同就在於解釋當我們環顧四周時，我們保留了多少信息，這些信息又是甚麼。

在萊文和西蒙斯看來，每當眼睛專注於某個物體時，我們確實有豐富的視覺體驗，並從中提取出場景的意義或要點。然後，當我們移動眼睛時，細節已被扔掉，只保留了要點。這樣我們對正在觀看的東西有了牢固的認識，總是能夠仔細看清其中一些部分。他們認為，這樣就讓我們對連續性有一種知覺體驗，不至於有太多的混淆。

加拿大心理學家羅納德・雷森克(Ronald Rensink)也做了大量的工作來研究非注意盲和變化盲。他對此有不同的解釋。他認為視覺系統根本沒有建立完整而詳細的世界表徵，即使在注視的時候也沒有。相反，當我們的注意轉換時視覺系統都會構建單個物體的表徵，一次一個。每當我們注意到某個物體時，其表徵就得以建立並保持一段時間。但當我們停止注意時，該物體的整合性就喪失了，並重新還原成亂成一鍋粥的單個特徵。他解釋說，我們之所以會產生一個豐富的視覺世界的印象是因為：每次我們重新觀看的時候，一個新的表徵總是能夠及時建立起來。

這似乎很奇怪。很難相信的是，當我看着自己的貓時，房間裏其餘的東西都從我的視覺系統消失了。但這就是雷森克的理論的含義。究竟怎樣才能核實呢？如果我試圖非常迅速地看一個東西(好像它存在一樣)，卻發現它不存在，我這樣做註定不會成功，因為新表徵建立的速度和我看的速度一樣快。我能夠看到整個房間的印象是正確的，但這是因為我總可以一看再看，而不是因為我的意識中有整個房間的圖畫。

這讓人回憶起威廉．詹姆斯一個多世紀以前在探索意識時所描述的問題。他把內省比喻成「試圖調亮煤氣燈，看黑暗是甚麼樣子」。我想他也會喜歡用電來做同樣的比喻，或者用這個更現代的比喻——試圖很快打開冰箱門，看燈是否一直亮着。

在冰箱這個例子中，我們可以在裏面放一個攝像機，或者在冰箱一側鑽一個可以看到裏面的洞，這樣就很容易檢驗燈是否一直亮着。要在大腦上做類似的事卻困難得多，但神經科學在大腦掃描技術的發展上取得了巨大的進步。如果我們發現視覺系統確實是這樣工作的，即一次只保留非常少量的綁定的物體信息，那麼我們必然作出這樣的結論：大腦內沒有任何東西與我們認為自己體驗到的詳盡的視覺流相對應。

這對於我們尋找意識的神經機制很有啟發。例如，克里克說他想找到「我們眼前看到的生動世界」或者被達馬西歐稱為「大腦電影」的神經機制。但如果視覺世界是一個大幻覺，那麼他們將永遠無法找到他們所要尋找的，因為頭腦中既不存在大腦電影，也沒有生動的圖片。兩者都是大幻覺的一部分。

還有最後一個理論更進一步打破了我們平常的視覺意識觀。這就是心理學家凱文．奧里根(Kevin O'Regan)和哲學家阿爾瓦．諾亞(Alva Noë)提出的「視覺的感覺運動理論」。他們採取了全新的研究角度，認為視覺根本不是在構建內部表徵，而是在外部世界中的一種行動方式。視覺是為了獲得感覺和運動的關聯性，也就是認識到自己的行動如何影響你從外部世界獲得的信息，同時通過與視覺輸入的相互作用來探索眼球運動、身體動作、眨眼和其他行動如何影響視覺輸入的方式。換句話説，看就是行動。根據這個觀點，視覺不是在構建世界的表徵；相反，看、注意和行動都是同一回事。因此，你現在所看到的就是某個場景中你正在「視覺操縱」的那些方面。如果不是在操縱世界，你甚麼也看不見。當你停止操縱世界的某個方面，它又返回到虛無。

這種理論與傳統感知理論存在巨大的差別，但與人工智能領域正在發展的具體化認知(embodied cognition)或生成認知(enactive cognition)理論非常相似。在這種情況下，機器人的研究者已經發現，通過給機器人詳細而複雜的內部表徵以使其在真實世界中移動的方法是極其低效的，甚至是不可能實現的。相反，更好的方法是建立簡單一些的系統，讓機器人在真實世界中玩耍、犯錯誤並且自己學習如何與其互動。

這種方法有助於瞭解視覺意識嗎？提出內在表徵的傳統理論不能解釋那些表徵如何變成了有意識的體驗，為甚麼有些視覺表徵是有意識的而大部分不是，也不能解釋我們為甚麼看上去像是那個觀看表徵的人。感覺運動理論顛覆了這個問題，將觀看者看成演員、視覺看成行動。所以現在就必須解釋行動如何能成為主觀體驗。這一點能否被證明我們還將拭目以待，但可以肯定的是它徹底改變了這個問題。由於傳統理論只會帶來混亂和那個「困難的問題」，因此視覺是個大幻覺這一觀點值得認真對待。

謎語答案：

是孩子把它們帶到那裏堆雪人，雪人在陽光下溶化了。當我在第67頁提到雪人時，你可能已經想了答案，或者答案自然而然地跳出來了，也可能你根本還不知道答案。

第五章
自我

精神和靈魂

我是誰，抑或我是甚麼？諸如「我是我的身體」或「我是我的大腦」之類的回答並不能讓人滿意，因為我感覺不像是一個身體或大腦。我感覺像是擁有身體和大腦的某個人。但這個好似深居在大腦裏面，並透過眼睛往外看的人，她可能是誰呢？那個彷彿過着這種生活並擁有這些體驗的人是誰呢？

從科學的角度來看，無需這樣一位主人，也無需一個內在的體驗者來觀察大腦的活動，也不需要一個內在自我。大腦雖然很複雜、難以理解，但它們是因果封閉的。也就是說，我們可以看到一個神經元如何影響其他神經元，神經組織如何形成和消解，一個狀態如何導致另一個狀態，這一切都不需要更多的介入。換句話說，我的大腦並不需要「我」。

即便如此，我仍有「我存在」這種無法抑制的感覺。當我考慮有意識的體驗時，在我看來似乎是某個人擁有 它。當我想到身體的行動時，在我看來似乎是某個人在行動。當我想到生活中難以取捨的決策時，彷彿是某個人必須作出這些決定。當我問在這個世界上究竟甚麼才重要時，彷彿是一定是要對某人很重要的事。這個某人就是「我」，我的真實「自我」。

自我的問題與意識的問題息息相關，因為每當有自覺的意識體驗時，很容易假設它們必然發生在某個人身上，不可能存在沒有體驗者的體驗。我們於是陷入了僵局。科學不需要一個內在的自我，但大多數人都頗為確信他們是擁有自我的。此外，許多人相信摒棄自我這個概念會導致混亂、破壞動機並摧毀道德秩序。許多東西都取決於我們是否相信自我的存在，但我們對自我的認識往往是非常糊塗的。

為了理清混亂，哲學家德里克·帕菲特(Derek Parfit)對自我派理論家和羈束派理論家進行了區分。他以我們好似單一、連續、擁有體驗的自我這個毋庸置疑的事實為出發點，並進一步詢問其中的原因。自我派理論家的答覆是：這是因為它從字面上講是對的；我們的確是連續的自我。相反，羈束派理論家認為這是不正確的，自我體驗必須要有其他解釋。

羈束理論的得名源於哲學家大衛·休謨(David Hume, 1711–1776)的著作。休謨描述了自己如何盯着自己的體驗尋找正在體驗的自我，但發現的僅僅是體驗本身。他總結道，自我不是一個實體，它更像是「感覺束」；一個人的生命是一連串印象，看似屬某個人，但其實僅僅是由記憶或者其他類似的關係連在一起而已。

需要注意的是二元論只是自我理論的一種形式，你無需變成二元論者才會相信一個連續自我的存在。事實上，正如我們將會看到的那樣，許多反對二元論的現代科學理論仍然試圖找到自我的神經機制或用大腦內部持久的結構來解釋自我。因此，這些都是自我理論。

主要的宗教流派為每種類型都提供了清楚的例子。它們幾乎都是直接的自我理論；無論那些自我是被設想成為靈魂、精神、「真我」或其他任何東西，它們都是建立在自我是存在的這一假設之上。這種人性自我的存在就成為了同一性學說、死後生命學說和道德責任學說的基礎，也是基督徒、猶太教徒、穆斯林和印度教教徒信仰的核心。雖然有些科學家信仰宗教，也有些科學家聲稱科學與宗教並非互不相容，但自我這個問題卻顯然是關鍵所在。如果每個人都在擁有大腦以外還擁有精神或靈魂，那麼科學應該能夠探測到它，但到目前為止還沒有探測到。這並不是說它永遠不會被探測到，但這其中肯定有問題。

在各種宗教中，僅有佛教否認自我的觀念。歷史上的佛陀(釋迦牟尼的尊稱)生活在約2,500年前的印度北部。據說他在樹下冥想了很長一段時間後成了佛。他否認當時流行的宗教學說，包括永恆的內在自我或者「真我」。相反，他教導說，人類的苦難乃是由於無知，特別是由於堅持一種錯誤的自我觀所造成的。擺脱痛苦的出路在於拋卻全部讓自我愉悦的欲望和依戀。因此，他的學説的核心是非我的觀念。這並不是説自我不存在，但它是虛幻的，或與表象並不一致。自我不是過着人的生活的連續實體，而只是賦予一整套元素的傳統名稱。他還教導説，一切都取決於先前的因，沒有任何事可以自己發生；這與認為宇宙是相互依賴和因果封閉的現代觀念非常一致。因此這可以解釋為甚麼他會宣稱「行動及其後果都是存在的，但行動的人並不存在」。帕菲特把佛陀看成是首位羈束理論家。

羈束理論極其難以理解或接受。它意味着你必須完全摒棄你是一個擁有意識和自由意志的實體，或你在過這個特定身體的生活的觀念。相反，你必須接受「自我」這個詞並不代表任何真實或持久的東西，雖然它很有用。它只是一種觀念或者一個詞。至於有體驗的自我，它不過是一種稍縱即逝的感覺，隨着每次體驗而產生，隨後又再次消失殆盡。產生連續性的錯覺是因為每個短暫的自我都伴隨着記憶，是這些記憶引起了連續的感覺。

這種違反直覺的理論大概不值得考慮，但如果不這樣，我們就會面臨自我是甚麼這個巨大的難題。在我們思考一些更為奇怪的自我現象時，自我是一種幻覺的想法至少值得記在心中。

分裂的大腦

如果把你的大腦分成兩半，你會有怎樣的體驗？這聽起來好像只是一個思維實驗，但實際上，人們在上個世紀五六十年代曾經做過這類極端的手術。癲癇病有時非常嚴重，幾乎持續不斷的抽風會讓生活難以忍受。今天可以用藥物或微創手術治療這種疾病，但在當時，治療最嚴重的患者的方法是切斷大腦兩大半球的聯繫，以防止癲癇發作從一側半球擴散到另一側。胼胝體是連接兩個半球的主要組織，大多數這類病人因此被切斷了胼胝體，但留下腦幹和其他一些連接。因此說他們的大腦被切成了兩半顯得有些誇張，但由於沒有胼胝體，左右半球間的大部分常規傳導中斷了。

結果如何呢？萬幸的是，它造成的影響很小。病人恢復良好，似乎過着和正常人一樣的生活。他們的性格、智商和言語能力很少或幾乎沒有發生變化。但在20世紀60年代初，心理學家羅傑・斯佩里(Roger Sperry, 1913–1994)和邁克爾・伽扎尼加(Michael Gazzaniga)所做的實驗揭示出一些意想不到的結果。

設計這些實驗需要理解感覺器官與大腦連接的方式。從右耳進入的信息傳到大腦右半球(左耳的信息進入左半球)。但如圖16所示，從左側視野進入的視覺信息傳入大腦右半球(反之亦然)。這意味着如果你直視前方，所看到的左側的事物都進入右腦，而所有右側的事物都進入左腦。控制身體的神經也是交叉的，左半側身體受大腦右半球控制(反之亦然)。正常人的左右兩半球是彼此相連的，因此信息能夠迅速傳導到兩個半球，但裂腦病人的兩個半球卻失去了聯繫。瞭解了這一點後，實驗者可以與病人的其中一個半球單獨溝通。這兩個半球會像兩個獨立的人一樣行事嗎？是否每個半球都獨自擁有意識？

在一個典型的實驗中，病人坐在屏幕前並直視屏幕中心。整個屏幕被分成兩半，然後文字或圖片閃現在屏幕的左側或右側，這樣信息只傳導進入一個半球。患者可以口頭回答，也可以用其中一隻手作反應。

假設圖片出現在右側視野。由於大多數人的言語功能都局限在左半球，因此病人可以相當正常地描述圖片。但如果圖片出現在左側視野，那他就無法用言語描述。這表明擁有言語能力的左腦只能看到呈現在右側的事物。同時，右半球能看到呈現在左側的事物。這可以通過讓病人用非言語方式回答而得到證明。例如，你可以給他們一堆藏在包裹的東西，讓他們用左手選出剛才看到的東西。這樣，對於「你能看到甚麼？」這個問題兩個半球能同時給予兩種不同的回答。而這兩個半球似乎都不知道對方在做甚麼。這是否讓它們成為了兩個有意識的人呢？

在一個著名的實驗裏，研究者在裂腦病人P.S.的左

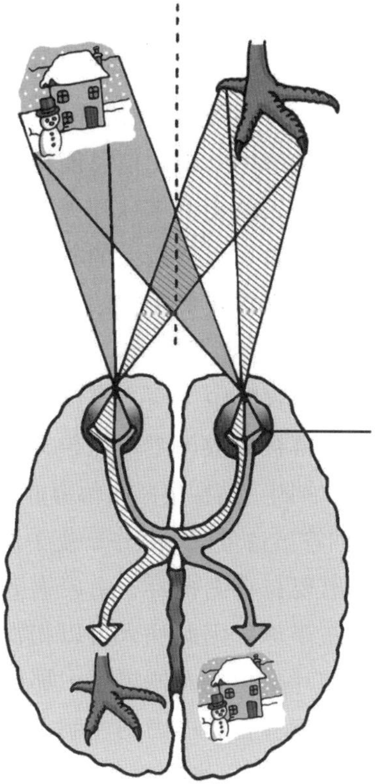

圖16 人腦的交叉連接。如果在裂腦病人 P.S. 的左側呈現了一幅雪景，右側呈現了一隻雞爪，負責言語的左半球因此只能看到雞爪。

側呈現了一幅雪景，右側呈現了一隻雞爪，然後讓他從他面前的一堆圖片中選出與看到的東西相符的兩幅圖。

他的左手選擇了鏟子(鏟雪用)，但右手卻選擇了一隻雞。從每個半球所看到的東西來看，這麼選擇是說得通的。不過當要求他解釋這樣選擇的原因時，他(即說話的左腦)卻說：「哦，很簡單。雞爪跟雞是一塊的，你需要鏟子來清理雞棚」。

這樣，說話的左腦用虛構的方式來掩蓋自己的無知。當呈現給另一半球的是一張情緒圖片時，它也會故伎重演 —— 編造一個貌似合理的藉口來解釋大笑、微笑、害羞或其他被誘發的情緒反應。這可能有助於解釋為甚麼這些病人能夠顯得這麼正常。但這也應該讓我們對自己有所懷疑。我們的大腦由許多相對獨立的單元組成，言語單元不可能瞭解所發生的一切，但它經常能夠為我們的行動提供令人信服的理由。這其中有多少是看似合理但卻是虛構而非真實可靠的理由呢？我們能區別開嗎？

斯佩里從這些實驗中得出的結論是：他病人的頭腦中存在兩個有意識的實體；每個都有自己的感覺和自由意志。相反，伽扎尼加則認為，只有左半球起着「解釋者」的作用 —— 使用語言、組織信念、把行動和意圖歸因於人。只有這個半球擁有高級的意識，另外一個半球雖然具有各種技能，但並沒有真正的意識。

哪種觀點正確呢？問題在於我們根本就找不到解

決問題的方法。我們可以去問每個半球，但如其他人、寶寶或動物一樣，我們還不能確定他們除了說話和選擇圖片外，還有沒有意識體驗。這立刻將我們帶回到第一章的爭論之中。如果你認為意識是一種額外的附加能力，那麼你自然想知道是兩個半球都有意識還是只有一個半球有，但你找不到答案。同樣，說到自我，如果你堅信持久自我的存在，那麼你自然想知道是不是兩個半球都有自我，但你依然無法找到答案。

這個問題似乎關係重大。同樣關係重大的是，裂腦病人身上是否存在另一個不能正常地說話、也不能對所發生的事情施加影響的自我——這聽起來非常恐怖。但在帕菲特看來，所有問題都是由於相信自我存在而產生的幻想。羈束理論完全摒棄了該問題。裂腦病人身上既沒有一個自我，也不存在兩個自我，存在的只是體驗，但是沒有任何人擁有它們——正如在你我身上發生的一樣。

催眠和分離

想像這樣一個情景：你正身處一個表演現場，舞臺上一名男子正在邀請想要上臺被催眠的志願者。你自己不敢去試，但你看到不少人舉手。催眠師使用各種遊戲和測試逐步進行篩選，直到選出大約六位準備好進入「深度催眠狀態」的志願者。若干分鐘後，經

你會按下按鈕嗎？

你相信自我的存在嗎？會不會是你的心思告訴你的是一件事，而理智告訴你的卻是另一件事？下面這個哲學家的思維實驗是回答這個問題的好方法。

想像你能鑽進一台機器，去你想去的任何地方旅行。當你按下按鈕，你身體的每個細胞都被掃描、摧毀，然後在你選擇的目的地重新創造。由於這只是一個思維實驗，因此我們必須假設整個程序是百分之百的安全和可逆。你也完全不必擔心中途會迷路。問題是——你會去嗎？

圖17 遠程運輸機：哲學家的思維實驗

如果你真的是一名羈束理論家，你應該沒有任何疑慮。旅行開始後你身體的每個細胞不會有任何變化，你所有的記憶都會完好無損。在其他人眼裏，你看上去毫無變化。你也會像從前一樣，擁有存在內在自我這樣的幻覺。

過睡眠暗示、想像美景、或者想像乘電梯下樓之後，志願者都逐漸沉睡下去了，有趣的事出現了。很快，一個人在照想像出來的寬衣鏡，另一個人的舉止就像是馬戲團的一匹馬，第三個則在觀眾中間晃悠，讓他們把自己叫醒。

催眠也可以用作一種治療方法。催眠被用來幫助人們戒煙、減肥、舒緩壓力或應付情緒障礙。雖然很多宣傳都有些誇張，但其中一些治療方法確實有幫助。催眠也可以用於減輕疼痛，並在一些手術中替代麻醉藥。

催眠源自於名聲很差的催眠術。催眠術使用磁石和「動物磁性」理論，曾在19世紀末達到鼎盛時期，被廣泛應用在醫藥、精神病治療和娛樂業中。招魂術在當時也很盛行。巫師有時催眠靈媒，以讓他們的精神從身體分離出去——這只是很多看似能夠證明精神分離的現象之一。

另一個奇怪的現象是多重人格。1898年，一位名叫克里斯汀．波茜普(Christine Beauchamp)的年輕女子遭到疼痛、焦慮和疲勞的折磨，前來向波士頓的莫頓．普林斯(Moton Prince, 1854–1929)博士諮詢。普林斯催眠了波茜普小姐，她因此變成了一個非常被動的人。接下來，一個全新的人出現了，她開始把波茜普小姐稱為「她」而不是「我」。後來人們叫她莎麗，一位活潑、風趣、直率、堅強和健康的女孩；而克里斯汀則呆滯、緊張、軟弱並極其善良。當克里斯汀理智地寫信時，莎麗就會出來將信撕碎；當克里斯汀拒絕吸煙時，莎麗會接過來並點燃。換言之，莎麗將克里斯汀的生活變成了地獄，但她們卻寄居在同一具身體裏。

波茜普小姐這個病例是一個典型的多重人格病例。1840年到1910年間報告了數百例病例。精神病學家、醫生和研究人員都認為，兩個或兩個以上的人格可以控制同一個身體。例如，威廉·詹姆斯認為這種情況以及其他催眠現象都證明一個大腦能支持多個有意識的自我，要麼是交替支持要麼是同時支持。這些被稱為並存意識或下自我(underselves)。

隨着人格數量的增加以及理論解釋的缺乏，一些病例變得愈加離奇。因此在20世紀初，反對這個概念的聲音出現了。專家聲稱整個現象都是由催眠以及男醫生對順服的女病人所具有的信服力引起的。確實有很多多重人格現象是由催眠造成的，同時也有一些顯然因催眠而得到治癒。然而，有些多重人格卻是自發產生的，並一直吸引着人們的注意。比如20世紀50年代的電影《三面夏娃》與70年代的流行故事《十六重人格的女魔西比爾》。

這些情況宣告了新一輪流行的開始。到1990年，美國確診了兩萬餘例病例。同時，電視劇和書籍對這個概念的傳播也起到了推波助瀾的作用。再一次，專

家對 此進行了批評，此類病例報告的速度得到放緩。1994年，「多重人格」這個術語被棄用，取而代之的是「同一性分離障礙」。現在，很少有專業人士使用多重人格這個術語。

這些病例的離奇之處在於精神可以分裂成或者孤立成單獨的部分這個概念。其他一些催眠現象中也會出現同樣奇怪的東西，它們引起的激烈爭論至今仍未平息。傳統的維多利亞時期的觀點認為，催眠是一種分離狀態，在這一狀態下一部分精神從其餘部分中分割出來。催眠師接管了控制權，直接對被分割出來的精神說話，從而使夢遊者(他們常被這樣稱呼)做出不同的事和進行不同的思考，甚至做出在正常清醒狀態下不可能做出的「壯舉」。

19世紀以來，批評家抗議道，催眠狀態是虛假的，或者被催眠的受試者只是對實驗者的服從或扮演某個角色。同樣的爭論在20世紀的大部分時間裏還一直持續。他們爭論的中心圍繞着一個主要問題：催眠狀態是不是一種特殊的意識狀態——有沒有可能是一種分離狀態？「狀態理論家」的回答是肯定的，而「非狀態理論家」的回答則是否定的。

不少人都試圖檢驗這兩種理論。其中關鍵的實驗是要比較真被催眠者和被要求假裝被催眠者或不經任何感應過程就想像和體驗催眠師的建議的控制組受試者。所依據的理由是，如果控制組受試者與「真被催眠」的受試者表現出的現象相同，那麼特殊的催眠狀態的觀點就是多餘的。許多實驗都發現這兩組之間並無差異，這傾向於支持非狀態論。許多心理學家都樂於斷定催眠並無任何特別之處。即便如此，還是存在一些怪現象。例如，一些被催眠的受試者會表現出「恍惚邏輯」，他們會接受不合邏輯或者不可能的情形，比如一下看到同一個人的兩個版本，或者能夠透視物體，並看到它們後面的東西，但控制組的受試者則不會。

另一個奇特的現象是心理學家歐內斯特·希爾加德(Ernest Hilgard, 1904–2001)在20世紀70年代發現的。實驗表明，當手浸在冰水中(這是心理學實驗中常用的引起疼痛的無害方法)時，容易被催眠的受試者否認自己感覺到疼痛。希爾加德相信，在內心深處，人的某個部分仍能感覺到疼痛。所以他對受試者說：「當我把手放在你肩上時，我就可以跟你的隱秘部分說話……」。當他這樣做時，受試者開始描述自己的疼痛和痛苦。在另外一些實驗中，「隱藏的觀察者」會描述明顯被忽視的刺激或遺忘的事件。這看上去好像是另外一個人一直擁有意識體驗。

希爾加德根據這些發現提出了新分離理論。該理論認為，在正常狀態下，個體存在多個控制系統，受決策自我的指揮，但在催眠狀態下，催眠師佔主導地位，讓行動變得不受控制，幻覺變得真實。先前的分離理論認為精神的各個分離部分就像單獨的有意識的人，在這一點上新理論與它們並不一致，但它保留了同一個想法，即一個大腦能同時支持多套意識體驗。

毋需置疑，該理論只是眾多理論中的一個，到現在也還沒有達成一致意見。經過一百多年的研究，我們仍然不知道催眠是否是一種特殊的意識狀態，也不能肯定催眠是否真的能夠分裂意識。

自我的理論

現在我們可以回到「我是誰或者我是甚麼？」這個問題上，只是更有點兒糊塗了。所有這些現象都對一個身體存在一個有意識的傳統自我假設提出了挑戰，並讓我們想搞清楚如何能夠同時解釋這些特殊的例子以及正常的自我感。因為如果人可以同時擁有多個意識體驗，為甚麼我們感到自己是統一的？

許多理論都試圖解釋自我感，包括哲學中關於人的本性、個體同一性和道德責任的理論，心理學中社會自我的建構、自我歸因和各種病態自我的理論以及神經科學中關於自我的大腦機制的理論。這裏我們沒有辦法探討所有這些理論，所以我只選了幾個對意識具有顯着影響的理論加以說明。

威廉・詹姆斯1890年的著作《心理學原理》被稱為歷史上最著名的心理學專着。在這部兩大卷的書中，他探討了心理功能的方方面面，包括感知、記憶，也因為探討體驗自我的本質而苦惱。他稱其為「心理學必須探討的最令人困惑的謎」。

詹姆斯首先區分了「我」(me)和「自我」(I)，前者是經驗上的自我或客觀的人，而後者是主觀的、認識的自我或純自我。似乎是「自我」接收發生在意識流中的感覺和知覺，它是注意的來源，也是努力和意志的起因。但它會是甚麼呢？詹姆斯否定了他稱為靈魂理論的觀念，也否認另一個極端，即自我是虛構的觀念，它不過是「自我」這個代詞所指的虛構現象而已。

他本人的解決辦法是一個隱晦的理論，這同他的一句名言「思想本身是個思想者」放在一起也許最容易理解。他認為我們自己的思想有一種溫暖和親切的感覺。他試着這樣解釋道：任何時刻都可能存在一種特殊的思想，它拒絕意識流中的某些內容，但會挪用其他內容，將它們組合在一起並稱之為「我的」。下一刻，另一個這樣的思想又產生了，它取代了先前的思想並把它們與自己結合在一起，從而形成了一種整合感。這樣，他說，思想似乎就是一個思想者。這聽起來像一個極現代的理論，無需任何連續的自我。不過，詹姆斯拒絕極端的羈束理論，並且仍然相信意志力和個人的精神力量。

一百年以後，神經科學家繼續在研究這個問題。拉瑪錢德朗引用自己在視覺填充上的研究發現(第四章)，它們似乎提出這樣一個問題：「圖片是為了誰而填充的？」通過這項研究，他說：「……我們可以開始着手解決科學與哲學上的最大謎團 —— 自我的本質」。拉瑪錢德朗表示，填充不是為了某個人，而是為了某件事。這件事是其他大腦加工過程，一個發生在大腦邊緣系統的加工過程。

這與全域工作空間理論提出的論點如出一轍，它將自我等同於特殊的相互作用的神經元群。例如，巴爾斯的理論認為：一個分等級的情境決定了甚麼能進到意識劇院的探照燈裏去。這些情景中佔主導地位的是自我系統，它讓信息能被報告和利用。多重人格現象可以如此解釋：不同的情景等級相互競爭進入全域工作空間，進入記憶和感覺，但這種機制並不包含詹姆斯和希爾加德所描述的那種並存意識。

另一個理論是達馬西歐的多級圖式理論。簡單的有機體有一套神經模式，時刻對應於有機體的狀態，這就是他所謂的原型自我。更複雜的生物體有與核心自我相連的核心意識。它不依賴於記憶、思維或語言，並提供了此時此地的自我感。這是一個短暫的自我，但它可以因為每一個與大腦互動的物體而得到無止境的重構。最後，依靠思維能力和自傳體記憶，延伸的意識和自傳體自我產生了。這就是你的人生故事中所講述的自我；它是你大腦電影的主人，它出現在那部影片之中。

所有這些理論的共同之處在於它們都把自我等同於某個大腦過程。它們或許開始解釋自我的起源及結構，但它們尚未解開意識之謎。每個理論都認為，大腦加工過程被自我體驗到了，因為它們顯示出來了，或者能夠被另一個大腦加工過程所用，但這如何將它們變成有意識的體驗及變化的原因仍未得到解釋。

最後，丹尼特提供了完全不同的視角。他否定了笛卡兒劇院，同時還否定了觀看演出的觀眾。他聲稱，自我雖然需要加以解釋，但它的存在方式並不像自然物體(甚至大腦加工過程)那樣。這就像物理學上的重心，它是一個有用的抽象概念。實際上，他稱自我為「敘述重心」。我們的語言講述了自我的故事，因此我們開始相信除了單一的身體外，還存在單一的內在自我，它擁有意識、持有見解並作出決策。實際上，內在自我並不存在，存在的只是多重並行的加工過程，這些過程造成了親切的使用者幻覺[1](benign user illusion)——一個有用的虛構。

看來我們在思考自己的寶貴自我時需要作一些艱難的選擇。我們可以僅僅依靠感覺，假想存在連續的自我或靈魂或精神，雖然它們無處可尋並帶來艱深的哲學困惑；我們也可以把它等同於某種大腦加工過

1 親切的使用者幻覺，這是丹尼爾·丹尼特在描述自我時所使用的一個比喻。它指因為我們常常用「我」來進行各種描述，久而久之，就形成了「自我」存在的錯覺。

程，並把大腦過程為甚麼會有意識體驗這個問題束之高閣；或者我們也可以拒絕任何與自我感相對應的持續實體的存在。

我認為理性上我們必須走最後這條路。問題在於，我們很難在自己的個人生活中接受它。這意味着需要對每個體驗都採取截然不同的看法；這也意味着我們需要接受沒有誰真正擁有這些體驗的看法；這還意味着我們需要承認自我看似每次都存在，但這只是暫時的虛構，現在的「我」並不是剛才、上周或去年的那個「我」。這確實非常困難，但我想通過不斷地練習，這會變得容易些。

第六章
意識意志

我們有自由意志嗎？

伸出你的手，只要你想，並順服自己的自由意志，你隨時都可以彎曲你的手腕。

你這樣做了嗎？如果沒有，你一定是決定不必麻煩了。不管怎樣，你作出了一個決定。你在某一時刻翻轉手掌，或根本就不做。現在的問題是，是誰或是甚麼作出了這個決定，或發出了這個動作？是你的內在自我嗎？是意識力嗎？我們的感覺是這樣。但正如我們已經看到的，內在自我的概念有嚴重的問題。即使內在自我確實存在，我們也不知道它如何產生了這個動作。因此，也許只是大量的、一個接一個的大腦加工過程決定了你是否彎曲了手腕，又是何時彎曲的。

這正好符合解剖學上的證據。從人體和其他動物的實驗中，我們已經掌握了很多有關自發運動的控制的知識。執行任何一個諸如彎曲手腕之類的自發運動都涉及到大腦很多區域。整個過程的大致順序如下：首先是前額葉活動，然後傳導至前運動皮層，這是運

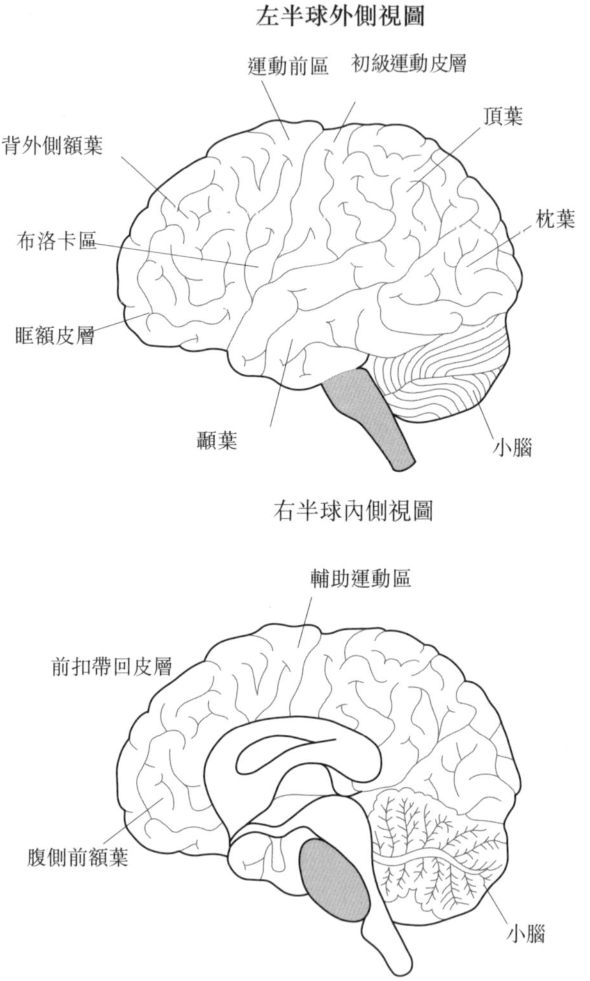

圖18 參與意志的腦區。在按照意志行事時，神經活動從前額皮層傳導至前運動皮層和運動皮層。本圖標記的其他腦區也可能參與其中。在哪裏需要意識的介入？內在自我在哪裏發揮作用？如何發生作用？

動計劃階段；接下來傳導至初級運動皮層，然後發出肌肉運動的指示。

其他腦區參與到特定的運動當中。比如，講話時，布洛卡區產生運動輸出。對於大部分慣用右手的人來說，布洛卡區位於大腦左半球。然後是輔助運動區負責先前計劃好的行動的精確序列和編程，以及前扣帶皮層參與情緒、疼痛和運動。最後，人腦掃描的證據顯示，那個名叫背外側前額葉皮質的腦區是與決定何時及如何行動的主觀體驗唯一相關的腦區。

問題就在於此。科學能夠揭示當感覺信息傳入以及在運動計劃和執行時處於活動狀態的神經元。但決定行動感覺並不像神經元放電那樣，無論放電是在前額葉皮質或大腦其他地方。它感覺就像有個其他東西——我自己，我的意識——使我可以隨心所欲地作出反應。

這就是經典的自由意志問題。大衛·休謨稱自由意志問題為形而上學中最具爭議的問題。實際上，它據說也是哲學界討論得最多的問題——可以追溯到古希臘，甚至更早。因為自由意味着責任，這個問題引起的感受也就非常強烈。我們認為自己是負責任的，我們也認為別人應對自己的行動負責，所有這些的前提假設是他們可以自由選擇行為的方式。如果沒有自由意志，那麼人類的道德責任和法規似乎都會受到威脅。

這個問題部分取決於決定論。對許多早期的哲學家以及現代科學家來說，宇宙似乎是確定的，即所有事件都由先前的事件決定。如果真是這樣，那麼所有事情的發生都是必然的；如果所有事情的發生都是必然，那麼自由意志就沒有立足之地，因為我的所有行動一定都是事先確定的。這意味着選擇做任何事情都是毫無意義的，另行其道也沒有任何意義。

有些哲學家承認自由意志與決定論水火不容。他們認為要麼是決定論錯了(可能性不大，並且極難證明)，要麼自由意志一定是個幻覺(因為它等同於魔力——一種不可能的非物質的干預)。需要注意的是，在一個確定的世界中添加真正的隨機過程(如在放射性衰變或量子物理學中那樣)並不會給自由意志任何機會，因為如果這些過程真是隨機的，它們就完全不會受影響。

相比之下，兼容論者發現在很多不同情況下，自由意志和決定論可以是同時正確的。例如，有些確定性的過程是混亂的。這意味着雖然結果完全由起始條件決定，但這些過程能夠引出異常複雜、難以預測的結果，即使是從理論上也難以預測。另外，即使在一個確定的世界，人也需要作出複雜的選擇。人同其他動物和某些機器一樣，也是非常複雜的機體，必須作出許多決定。事實上，如果不這樣，他們將無法生存。在有些兼容論者看來，這種決策足以為道義責任和法律提供基礎。有人樂意將此當作自由意志。

那麼意識在哪裏起作用？從某種意義上講，是意識讓這整個問題更有價值。在有些人看來，人不同於其他動物和機器之處在於人類的自覺思維能力。他們相信，正是因為我們能夠有意識地權衡各種可能性並考慮後果，所以我們擁有自由意志，並且能夠對自己的選擇負責。然而，這直接將我們帶回到了同一個問題中。如果意識被當成成就自由意志的力量，那它就無異於魔力 —— 在因果封閉的世界這種介入是不可能發生的。但如果意識不是這樣的力量，那麼我們擁有的種種意識控制的感覺就一定是幻覺。一些實驗可以幫助我們確定哪種解釋才是正確的。

有意識行為的時間進程

你完成了那個簡單的伸臂屈腕的任務嗎？如果還沒有，你現在應該做一下，或者再重複幾遍，因為這個簡單的動作在心理學關於自發運動的研究史上可以說是盡人皆知。

1985年，利貝特報告了一個數十年後仍在爭論的實驗。他問了這樣一個問題：在一個人自發和故意地彎屈手腕時，是甚麼引發了這個動作？是有意識的決定在行動，抑或是某個無意識的大腦加工過程？為了找到答案，他讓受試者重複至少40次這個屈腕動作，每次開始的時間由受試者自己決定。他測量了如下3項指標：動作產生的時間、大腦運動皮質開始活動的時間以及他們有意識地決定行為的時間。

前兩項時間都很容易測定。動作產生的時間可以用手腕上的電極(肌電圖)測定。大腦開始活動的時間可以用頭皮的電極(腦電圖)測定。腦電圖可以探測到一個逐漸增強的、名叫「準備電位(RP)」的信號。難點在於測量受試者決定行動的時間，利貝特稱之為W(意志)。問題在於，如果你讓他們大喊、按鍵或做別的動作，這個新動作的發出都會有一個滯後，就像屈腕運動一樣。同時，作出喊的決定可能干擾正在測量的主要決定。利貝特因此設計了一個特殊的方法來測定W。他在受試者前面放置了一個屏幕，上面有一個點在繞圈走，就像鐘錶上的指針一樣。然後他讓受試者看着那個時鐘，並記下自己決定行動時點所在的位置。這樣，他們可以在行動結束後報告在那個重要時刻屏幕上的點所處的位置。這樣利貝特就可以確定他們決定行動的時刻。

那麼最先發生的是哪一個呢？是W還是RP呢？你可能希望決定自己會期待哪個答案，因為它很可能體現你對自我、意識和自由意志的總體看法。

利貝特發現決定行動的時間W在行動前200毫秒(1/5秒)產生，但準備電位大約出現在決定行為之前350毫秒，也即在行動前約550毫秒。換句話說，大腦準備運動的過程比人有意識決定行動的時間至少早1/3

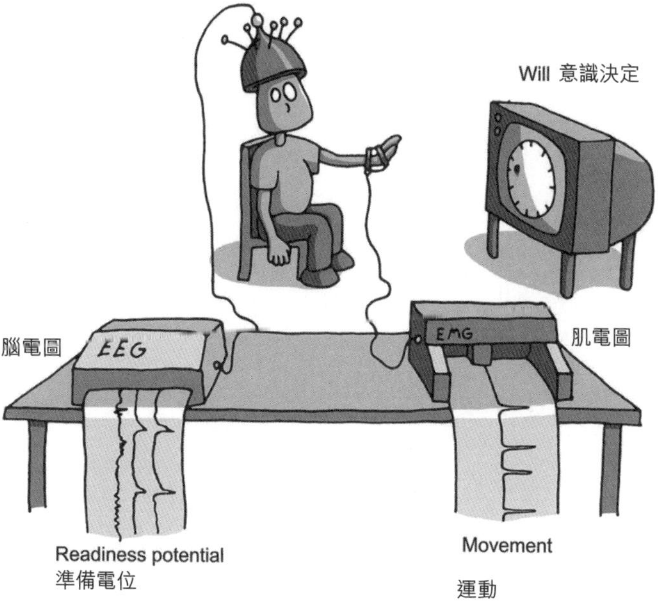

圖19 在利貝特的實驗中，受試者自發彎屈手腕，開始時間自己決定。他測量了：(1)準備電位開始的時間；(2)運動開始的時間以及(3)有意識地決定行動的時間。哪一個最先發生呢？

秒。從大腦的角度來看，這是一段很長的時間。在人有意識地決定運動之前一定產生了大量的神經加工過程。

毫不奇怪，該發現引發了不少爭議。畢竟，它似乎威脅到「我們的決定引發了行動」這一關於意識行為的最基本假設。但如果你想想看，有意識的決定先於大腦活動這種想法簡直就是一個魔法。這意味着意識可以憑空產生，並且影響腦部的物質活動。唯有二元論才允許這種情況發生，如笛卡兒、波普爾和埃克爾斯的理論。我們已經明白為甚麼這些理論讓人看不到希望。

這表明任何人都不應對利貝特的實驗結果感到驚訝。但是他們卻非常吃驚。這些結果究竟意味着甚麼，哲學家、神經科學家、心理學家和生理學家都捲入了這場漫長而複雜的辯論當中。

一些人從表面上接受這個結果，認為意識來得太遲，不能啟動自發運動過程，因此意識不能成為最終的原因。他們的結論是：我們沒有自由意志。

在質疑該結論的人群中，有人試圖否定實驗結果的有效性，比如他們對測量 W 所使用的方法、使用的任務或實驗的設計有爭議。但利貝特做了許多控制實驗，排除了其中大部分問題。後來的重複性實驗也都基本上驗證了利貝特的結果。

還有人認為實驗結果不能放大到自由意志真正起重要作用的行為上。例如，在這項任務中，受試者只能選擇甚麼時候行動，而不能選擇採取何種行動。而且簡單的腕部運動不能和起床或讀書之類的複雜動作相提並論，更不用提諸如是否接受一個職位或如何培養孩子這類艱難的選擇了。因此，人們爭辯道，利貝特的結果並沒有提供反對這類真正重要的自由意志的證據。

利貝特本人並不接受這些批評；他也不承認自由意志是一個幻覺。相反，他找到意識在自發行動中扮演的另一個角色。他注意到有時受試者報告他們在運動發生的前一刻取消了行動。於是他又做了另外一個實驗來檢驗它。結果表明，在這種情況下，準備電位起初很正常，但是很快就減弱了，並在行動應該發生前的200毫秒內消失了。據此，他主張「自由否決」存在。他說，意識不能啟動屈腕動作，但是可以阻止它發生。換句話說，我們雖然沒有自由意志，但我們卻擁有「自由否決」(free won't)。

利貝特認為這個發現對自由與責任具有重要意義。它意味着，我們雖然不能自覺地控制自己的性情或衝動，但我們能夠自覺地防止其表現出來。例如，我們不應該僅僅因為想像要殺人、強姦或者盜竊而承擔責任，因為這些衝動不在意識控制之下，但我們應該可以阻止這些事情發生，因為我們有意識否決力。這樣，利貝特能夠接受自己的實驗結果，同時也不用放棄意識力的說法。事實上，他更進了一步，發展出

「意識精神場理論」，主張主觀體驗是自然界獨特而基本的屬性；它是一種場，產生於大腦活動中，進而對腦部的活動施加影響。他聲稱，這個統一而強大的場能夠解釋意識的兩個最困難的特徵：精神活動的整合性以及我們的自由意志感。

最後，對該實驗最尖銳的批評是認為它完全是在誤導人，因為該實驗建立在能夠測定意識體驗的時間這一錯誤想法上。正如我們在第三章所看到的那樣，有關時間和意識的實驗引出了種種困惑和相互矛盾的結論。其中一個解決辦法是對意識的時間進程這種說法採取徹底的懷疑態度。要記得利貝特的實驗的核心部分是測定W，也就是決策出現在意識中的時刻，或者決策變得有意識的時刻。但是認為存在這樣的時刻有道理嗎？

整個測量意識體驗的時間的想法都是有問題的，因為它假設存在兩類時間：大腦活動產生的時間和這些大腦活動「變得有意識」或「進入意識」的時間。換句話說，如果你承認W能被測量，你就承認了意識體驗不是大腦活動。

另一種辦法是否認意識體驗這個事件發生在特定的時間。這意味着對整個實驗完全不同的解讀。我們可以說受試者報告的是他們知道運動即將發生的時刻，但並不能說這是有意識決定的時刻。據此觀點，意識意志不能啟動行動不是因為它來得太遲，而是因為它不能獨立於大腦裏進行的各種過程，因此它並不是任何控制力或力量。

自願的感覺

所有這些論證和實驗都質疑意識是我們行動的起因的觀念。但我們仍然一如既往地感到的確是意識引起了行動。所以，瞭解這種感覺是如何產生的或許會有幫助。當行動發生時，我們得決定這是由自己還是別人引起的。我們可能犯兩方面的錯誤，但這兩個方面都會對我們有所啟示。

首先，我們會做一些事情，並錯誤地認為別人應該為此承擔責任。1853年，以研究電學而聞名於世的物理學家邁克爾·法拉第(Michael Faraday,1791–1867)進行了一個關於意識控制問題的重要實驗。那時，即19世紀中葉，正是人們對招魂術最狂熱的時候。招魂術最初出現在紐約州的一個小鎮上，後來傳遍歐美大陸。媒體也大肆報道所謂的與死者靈魂進行交流的見證。當時一個廣受歡迎的交流方式叫做「翻桌子」。

在這種招仙會上，幾個人圍坐在一起，雙手平放在面前的桌面上。然後通靈者開始請神，並讓它們介紹自己。然後桌子開始神秘地移動。大家可以問神靈很多問題，而神靈的回答則是通過輕敲桌子(一次代表「是」，兩次代表「否」)或使用更複雜的字母代碼來實現。隨後這些人回家了，他們都相信自己已經與去世的父母、配偶或子女交流過。據報道，在最神奇的招仙會上，桌子不僅可以用桌腿敲地，它還可能傾斜，或單腿站立，甚至完全離開地板。

當然，指控其騙人的說法也很多。一些通靈者被發現秘密僱用同夥，使用伸縮棒或者隱藏的細繩。然而有些通靈者看上去沒有任何機會作弊，甚至在表演期間被捆住或蒙住眼睛。法拉第想要找出其中的真相。畢竟，如果真的發現其中有一種新力量在起作用，這個發現能夠改變整個物理學。如果逝者的意識真的能夠移動一張沉重的桌子，他想知道這是如何實現的。

為了找出原因，法拉弟用軟的黏合劑把一張張卡片黏在桌子上。如果坐着的人的手朝某個方向移動，黏合劑會微微下陷。他的邏輯是，如果神靈真的可以移動桌子，那麼卡片將會滯後於桌子的運動；但是如果是坐着的人在推拉桌子，那麼卡片的移動應該先於桌子的移動。結果非常清楚，卡片沿着桌子移動的方向移動了更遠的距離。換言之，是坐着的人而不是神移動了桌子。

法拉第仔細詢問了坐着的每個人，並確信他們並沒有意識到自己做的事情。在接下來的實驗裏，他使用了一個量規來顯示他們對卡片施加了多大的側壓力。當他們看到量規時，所有的運動都停止了。法拉第總結道，這些坐着的人並沒有作弊，他們只是在使用「無意識的肌肉運動」。這個實驗首次證明，我們有時會做一些自己認為沒有做的事情。

同樣的原理也適用於更為現代的顯靈板。在顯靈板上，各種字母和數字沿桌子邊緣擺放，參與者把手指放在倒扣過來的玻璃杯的底部。當他們提問時，玻璃杯似乎能夠在沒有人有意識地控制它的情況下自己移動。產生這種情況的原因是因為手臂肌肉很容易疲勞，從而讓我們難以覺察到自己手指的位置。當輕微的運動發生時，每個人都會調整自己手指的位置，從而造成更大的運動。這類調整頗為正常。實際上，它們對我們靜止站立時保持筆直姿勢，或者端穩一杯熱茶起着至關重要的作用。沒有哪塊肌肉能夠保持絕對靜止，所以我們的身體永遠處於不斷的輕微運動狀態，並伴隨着不斷的微調。

需要注意的是，無意識肌肉運動的存在並不意味着有一種叫做「無意識」的東西可以引起動作。它只是表明人們可以做一些自己意識不到的動作，因為他們的身體以及所有的多重並行控制系統都在一刻不停地工作。

在精神分裂症患者身上可以發現類似的錯誤，但是趣味性要遜色一些。精神分裂症是一種嚴重的精神疾病，在全球範圍內都有發生，有1%左右的人口會受此影響。它之所以如此駭人是因為其導致個人控制感的缺失。精神分裂症最常見的症狀是幻聽，很多患者都聽到有許多聲音在對他們說話。有的篤信死者的亡魂、牆上的精靈或外星人在試圖和他們交流；有的發現自己的想法被廣播出去讓所有人都聽到；有的認為周圍的人把觀點塞進自己的頭腦中。

大腦掃描實驗已經表明聲音刺激會伴隨着大腦某些腦區的活動。這些腦區在人們想像某個聲音的時候也被激活，因此，我們有理由假設他們正在想像某種聲音。但他們卻確信自己並沒有這樣做。如果能夠發現這種幻覺是如何產生的，那麼我們就會更接近於找到有效治療精神分裂症的方法。

最後一個這類錯誤的例子來自於20世紀60年代所做的一個奇怪的實驗。當時的腦外科手術往往需要打開顱骨才能接觸到腦部的大部分區域。作為治療的一部分，英國神經外科醫生威廉·格雷·沃爾特(William Grey Walter, 1910–1977)曾在患者的運動皮層植入電極。然後他讓患者控制幻燈機，並研究大腦此時的反應。在某些實驗條件下，患者可以根據自己的意願通過按按鈕來看下一張幻燈片。在另外一些條件下，格雷·沃爾特從他們的大腦中取出信號，將其放大，並用這些大腦信號來翻看幻燈片。患者為此頗感不安。他們說，他們正想按下按鈕時，幻燈片自己就換了。雖然實際上還是他們在控制幻燈片，但他們卻沒有這種自願的感覺。不管這個實驗還告訴了我們別的甚麼，有一點是可以肯定的，即意志感有時可能是錯誤的。

有意識意志的幻覺

人類能夠異常迅速地作出這樣的推斷，即他們觀察到的事件都是造物有計劃、有意識地引起的。即使是幼兒也會對自己移動的物體和被其他東西推動的物體作出不同的反應；隨着年齡的增長，他們會發展出所謂的「心理理論」，也就是能夠理解他人擁有願望、信仰、計劃和意圖。這就好像我們是被事先設定好來發現生物，並將動作的原因歸給它們一樣。的確，可能恰恰就是這麼回事；這種能力的進化形成可能是出於一些積極的生物學原因。生存很容易取決於正確地把一個活動解讀成無關動作或其他生物的有意行為。

運用這種能力會使人們很容易匆忙得出結論，即事件是由某種媒介引起的，但實際上不是這樣。其實，動畫片和電腦遊戲的成功就有賴於此。人的這種思維方式使你一方面可以簡單粗略地表現生物，另一方面也可以讓你的觀眾激動地衝Jerry[1] 叫喊，讓它逃脱Tom的追擊，或者是衝可憐的Kenny[2] 叫喊，可別再

---

1 Tom 和 Jerry 是迪斯尼動畫片《貓和老鼠》中的貓和老鼠的名字。

2 Kenny 是美國喜劇中心製作的《南方公園》中的四名主角之一，總會因某種原因死掉，但下一集又會復活。

次遇害了。把無生命的生物當成有思想的生物來談似乎也是非常自然的。如果我說「我的手錶認為是星期四」或「這個筆記本電腦決心要毀掉我的演講」，沒有人會覺得奇怪。丹尼特把這叫做「意向立場」(intentional stance)。也就是說，我們將其他人(或電腦、時鐘、卡通人物)看成是有思想的。他認為，這通常是瞭解周圍情形的一個有效捷徑。

同樣，我們也在自己身上使用該習慣。我們不僅是把願望和意圖加給他人，還相信我們有一個內在自我，他有同樣的願望和意圖，並使事情得以發生。所以當我們感覺到已經讓某件事發生時，我們的感覺是「我」做的。就進化而言，即使意志的中心是一個虛構也不要緊，只要它是一個有用的虛構就行。

同以往一樣，我們可以從出錯的情形中瞭解到許多有關大腦的加工過程。我們先前已經考慮過這樣的例子，即人們引起了某件事，但卻沒有已經做過這事的相應感覺。還有些時候，情況則恰恰相反。

有一個例子就叫做「控制幻覺」，這在彩票和遊戲中很常見。如果讓人自己選擇彩票的號碼，他們感覺自己獲勝的幾率會更高。如果真的贏了，他們覺得彷彿是因為自己選對了才中獎的。同樣，如果不是由於控制幻覺，賭場可能賺不到錢，因為正是這種持久的、認為自己的行為會產生不同效果的感覺讓人們一直玩下去。相信超自然力也是受到控制幻覺的影響。

舉例來說，如果人們心理上想像某個結果，而且恰巧發生了，他們就會產生一種強烈的感覺——是自己引發了該事；如果他整晚都在思念自己的朋友，然後她打來了電話，他們就強烈地感覺到是自己的思念讓她打來了電話。這種感覺可以很輕易就掩蓋了從邏輯上對思想的長距離效應的否定。

正是我們自己的想法導致了行動，這種感覺甚至更加強烈。心理學家丹尼爾·魏格爾(Daniel Wegner)將有意識的意志體驗比作另一種因果判斷形式。他認為，自由意志是一個幻覺，由我們所犯的一個大錯引起。幻覺的發生可以分成三個階段，儘管每個階段都可能出現得很快。首先，我們的大腦開始醞釀一個行動。其次，大腦活動引起對該行動的思考。最後，行動出現——剛好這時候(好比魔術師說「變」的時候)，我們匆忙作出自己有意識的思考導致了行動這一結論。

讓我們假設你決定拿起電話打給你的朋友。首先，大腦活動開始計劃這個行動(這可能由先前的腦部活動和外部事件導致)。這一大腦活動引起打電話的想法。最後，你伸出手拿起電話。你就匆匆得出這個錯誤結論：有意識的思想引起了行動。

難道果真如此嗎？魏格爾設計了好幾個實驗來一探究竟。他提出自願體驗的發生有三個前提條件：思想必須在行動前；思想必須與行動一致；行動不能伴

超自然信仰

為甚麼人類這麼容易相信鬼怪和神明？進化心理學家史蒂文·平克認為為了瞭解天氣、太空、健康與疾病的模式，我們使用了為其他用途而進化的大腦和感覺系統。我們只是情不自禁地想使用意向立場，於是認為肯定有人引發了我們所看到的事情。

同樣的本能傾向使得招魂術和精神見證如此具有欺騙性。心理學家理查德·懷斯曼(Richard Wiseman)重現維多利亞時代的招仙會時，裏面那些坐着的人看見了黑暗中漂浮的物體，感覺到有東西觸摸自己的皮膚，聽到鐘聲響起，就認定神靈已經在他們中間移動。這些現象都是魔術師偽造的。但是即使不信神靈的人也會被這個伎倆所迷惑，因為當我們看到物體移動時，我們猜想一定有人在移動它們。當物體移動方式像有人帶着它走路那樣時，我們就會想像有個人在那裏。這樣，鬼和神也就很容易被召喚出來了。

隨其他原因。為了檢驗這些假設，魏格爾根據傳統的顯靈板的啟發設計了一個實驗，它與法拉第的翻倒桌類似，也是依靠無意識的肌肉動作。在魏格爾的實驗中，玻璃杯被一個裝在鼠標上的小板子所替代。兩名參與者把手指放在板子上，並通過這個小板子移動了屏幕上的光標。屏幕上有約50個小物體。他們通過耳機聽到物體的名稱，並要一直移動鼠標直到聽到停止的信號。事實上，其中一名參與者是實驗者的同夥，

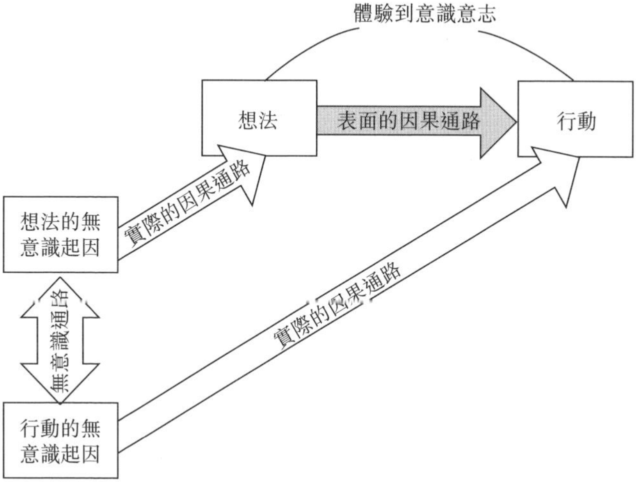

圖20 有意識意志的幻覺。魏格爾認為，無意識的過程既產生了有關行動的思想，也產生了行動本身。我們於是錯誤地推斷出是我們的想法引起了行動。

他在控制何時停止。這讓魏格爾能夠證明在某些條件下受試者完全確信是自己停止了鼠標，但其實是另有其人。正如魏格爾所預言的那樣，當停止信號正好出現在他們聽到那個物體的名字之後，他們就會產生是自己停止了鼠標的感覺。

魏格爾聲稱有意識意志的幻覺猶如變戲法一樣，其產生的原因也完全一樣。魔術師可以讓觀眾相信他們選擇了卡片，或者自己想出了號碼，我們在日常生活中也同樣會上當。魏格爾的結論是：相信我們有意識的思想引起了我們的行動，這是一個錯覺。無論你同意與否，這些揭示出我們所犯錯誤的例子肯定了一點，即用意志做某事的感覺既不能證明自由意志的存在，也不能證明它不存在。

如果你對此表示贊同，並也認為自由意志是一個幻覺，那你該怎樣度過你的一生呢？有些人的結論是既然做任何事情都是毫無意義的了，還不如乾脆放棄。但上述論斷並不必然得出這種想法，何況這也不容易實行。如果你覺得你不如放棄，那麼問問你自己打算做甚麼，因為你必須面對這樣的事實 —— 你不能完全甚麼也不做。整天躺在床上不是甚麼事都不幹，你得起床吃東西或上廁所。結束你的生命也不是甚麼也不做，何況這既不容易也不愉快。勇敢地面對沒有自由意志這種信仰的生活，忘掉這個幻覺會變得容易些。

這又怎麼樣？即便自由意志從理論上講是一個幻覺，它也是一個非常強烈的幻覺，因此自由的感覺也會一直持 續，即使對不再相信自由意志為真的人來說也同樣如此。有時這類人會說，他們過着自由意志「彷彿」存在的生活，「彷彿」他們和別人都擁有自我。那樣，他們可以坦誠面對生活，無需相信一些他們知道不可能為真的東西。對另 外一些人來說，這種感覺終會消失。

第七章
異常的意識狀態

睡眠與做夢

雖然有人聲稱從不做夢，但事實上每個人都會做夢。證據很容易找到。如果在大腦出現快速眼動(REM)睡眠的典型特徵時將這些自認為不做夢的人喚醒，那麼他們幾乎肯定會報告一個夢。所以不做夢的人實際上只是健忘；大不相同的是對夢的回憶，而不是做夢本身。另一種證明方式是給他們紙和筆，請他們每天早晨都記下醒來後回憶起的所有事情。任何人都可以做到這一點，得到的結果往往是對夢的回憶的急劇增加。短短幾天後，大多數人會發現自己已陷入夢的沼澤，並頗願意回想起有點兒不那麼可靠的回憶。

在典型的一晚的睡眠中，大腦在四個非快速眼動睡眠階段中循環往復。首先通過階段一到四，然後回到第一階段，接着進入快速眼動睡眠時期。這種模式一晚上會重複四五次。如果在不同的階段喚醒人們，他們會描述不同的體驗。在快速眼動睡眠期間，他們通常說自己在做夢，雖然不是那麼絕對；而在非快速眼動睡眠期間，他們可能會描述自己正在思考或琢磨一些事情，觀看頗為靜止的圖畫，或甚麼也沒做。兒童，甚至嬰兒，也會表現出同樣的生理階段，但是做複雜而生動的夢的能力則是隨着認知能力和想像力的發展而逐漸發展起來的。

目前人們對睡眠的生理過程以及某些病理機制都有較深認識。但如果把睡眠當作一種意識狀態，這些知識只是掩蓋了一幅不那麼確定的圖畫。

與意識一樣，意識狀態和異常的意識狀態(ASCs)的觀點看起來再明顯不過。比如，我們都知道醉酒或發燒到神志不清時的感覺有異於正常狀態。即便沒有親身經歷，我們也可以猜出吸毒後輕飄飄的感覺，或處在某種神秘體驗時的感覺，一定是不一樣的。我們因此稱它們為異常的意識狀態。

但是任何試圖界定異常的意識狀態的努力都會立即遇到問題。有兩種明顯的方式可以嘗試。首先，你可以進行客觀的測量，例如一個人喝了多少酒，或者對他使用了哪種催眠方法。這種方法並不理想，因為有可能兩個人在喝完同樣多的酒後，一個爛醉如泥，而另一個甚麼事兒都沒有。同樣，感應技術對不同的人的效果也不盡相同，有些人根本不受影響。很少有意識狀態伴隨着獨特的生理模式，因此測量大腦的狀態只會得到令人迷惑的結果。行為測量也沒有幫助，因為人們可以聲稱自己正處於深度的異常狀態，而行為上卻沒有任何明顯的變化。無論是哪種情況，所有這些客觀的測量似乎都沒有意識到一點，就是異常的狀態是你所感覺到的，是個人私自擁有的。

為此，人們往往傾向於採用主觀的定義。例如，心理學家查爾斯·塔特(Charles Tart)將異常的意識狀態定義為「整個心理功能模式的質的改變，體驗者感覺到其意識功能與正常情況下截然不同」。當然，這個定義把握了異常意識狀態的要旨，但同時也產生了新的問題。比如，如何知道甚麼是「正常」狀態。同時它還需要解釋，為甚麼在某些情況下，有些人(在別人看來)明顯處於一種怪異的狀態，但他們卻聲稱自己感覺完全正常。

同樣令人奇怪的是，當我們來看做夢這個最明顯的意識狀態時，該定義也同樣碰到了問題。普通的夢最顯着的一個特徵是，我們不覺得自己的「意識處於截然不同的狀態」，至少做夢的時候不這樣想。只有到後來，我們才醒過來，並且說「我一定是做了個夢」。為此，有人甚至懷疑夢境能否算作一種體驗。畢竟，我們當時似乎並沒體驗到它們——只是後來記住了。那麼夢真的是像它看起來那樣發生的嗎？還是只是在醒來的時刻被人們編造出來的？我們能知道嗎？

有意思的是，我們有找到真相的辦法。例如，我們可以在人們的夢中添加某些成分，比如給他們播放

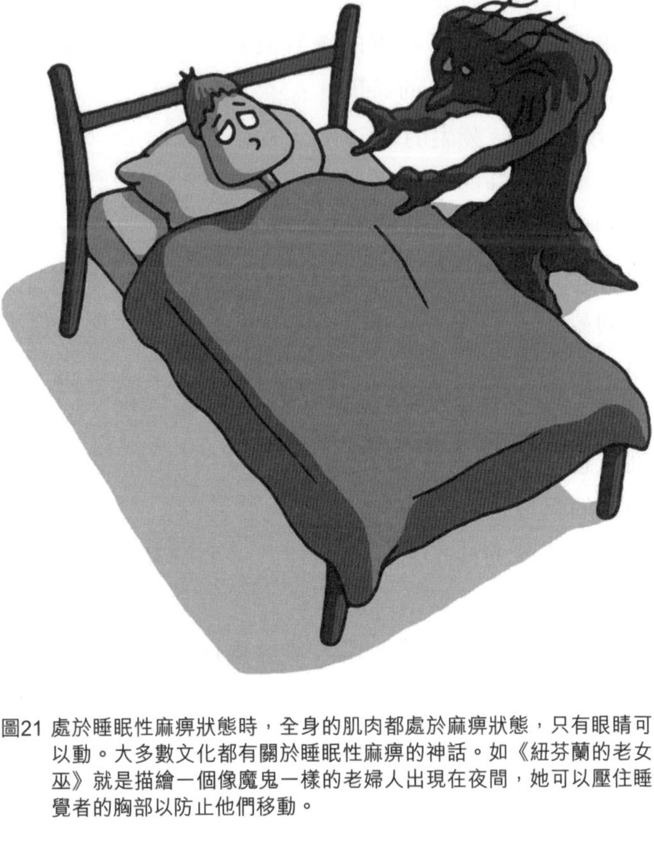

圖21 處於睡眠性麻痹狀態時，全身的肌肉都處於麻痹狀態，只有眼睛可以動。大多數文化都有關於睡眠性麻痹的神話。如《紐芬蘭的老女巫》就是描繪一個像魔鬼一樣的老婦人出現在夜間，她可以壓住睡覺者的胸部以防止他們移動。

一些聲音或者往他們的皮膚上滴水。有時，他們後來會報道自己夢到了教堂的鐘聲或者瀑布。如果讓他們估計這些事件發生的時間，結果會顯示夢的確發生在它看起來應該發生的時刻。

一個更好的方法是研究極少數那些能隨心所欲做清醒的夢的人。所謂清醒的夢是指你在做夢時就知道這是一個夢。調查顯示，約有50%的人聲稱做過清醒的夢，有20%的人經常做清醒的夢。對於那些從來沒有做過清醒的夢的人來說，這種說法聽起來相當奇怪。當某件奇怪的事情正在發生，而做夢的人開始感到疑惑時(如我怎麼會來到這座建築的頂部，以及為甚麼我的祖母會在這裏，我以為她已去世)，一個典型的清醒的夢就開始了。與我們通常做夢時都會接受這些奇怪的事不同，做清醒的夢的人意識到這不可能是真的。這種意識改變了一切。夢境變得更加生動，做夢的人感覺自己更像在正常清醒的狀態，他們甚至能夠控制夢的進程。此刻，許多人開始飛翔，享受樂趣。但清醒的夢並不會持續太久，大多數人會很快回到平常做夢時的無知狀態。

有少數非常難得的擅長做清醒的夢的人參加了一個實驗室研究。他們在研究中學會如何根據夢的內容發出一定信號。在快速眼動睡眠期間，幾乎全身的肌肉都處於癱瘓狀態，否則你可以把夢的內容表現出來。但這時你的眼睛仍然在動，呼吸也仍在進行，因

夢是一種體驗嗎？

目前還沒有普遍接受的夢的理論。此外，還有一些奇怪的事實有待解釋。例如，在醒來時，我們記得自己做了夢，但當時並沒有意識。雖然實驗表明夢在實時地進行，但很多奇聞軼事裏描述的夢都是在醒來的那一刻編造而成的。最有名的例子是法國醫師阿爾弗雷德·莫瑞 (Alfred Maury, 1817–1892)的夢。他夢見自己在法國大革命中被拖上了斷頭臺，結果醒來時發現自己的脖子被壓在床頭下。

有一個理論允許兩者都是真實的。在快速眼動睡眠期間，大腦裏發生了很多平行的加工過程，其中沒有一個是『在』或『不在』意識裏。蘇醒時，通過選擇記憶裏殘留的很多片斷，我們可以編造出許多故事。最後所選的故事只是眾多候選故事中的一個。沒有任何實際的夢，也沒有任何故事真的發生在「意識中」。根據這個「回溯選擇」理論，夢並不是穿越沉睡心靈的體驗流。

此有時候，正在做清醒的夢的人可以通過移動眼球來發出信號。這就使得實驗者能夠測量夢開始的時間，並觀察做夢期間的大腦活動。總的說來，這些研究證實了夢發生的時間是實時的； 同時它們也表明，無論人們在做甚麼夢，如沿街跑步、打網球、唱歌等等，大腦的反應模式確實和他們真的在做那些事一樣。不同的是，他們並不是真的在做。

快速眼動期間的麻痹還會帶來另一個後果。有時人們在麻痹消失前就醒來，結果發現自己無法動彈。這被人們稱為睡眠性麻痹。如果你不瞭解它，這種體驗會非常嚇人。它通常伴隨着轆轆或碾磨的聲音、陰森的燈光以及有人在身邊的強烈感覺。大多數文化中都有睡眠性麻痹的神話，如在夜裏坐在人胸口上的紐芬蘭老女巫，或者中世紀傳説裏的男女夢淫妖。現代版的例子則是被外星人綁架的體驗——一種在半夢半醒之間、並且處於極度痛苦的麻痹狀態時所編造出來的生動體驗。

藥物和意識

藥物對意識的影響為意識取決於大腦提供了最令人信服的證據。這看似再明顯不過，但我提出這一點是因為有許多人認為他們的精神獨立於大腦，甚至能夠在死後繼續存在。一旦明白精神類藥物的效果後，這種理論就站不住腳了。

精神類藥物是影響心理功能的藥物，在每個已知的文化中都可以找到。人類似乎在尋找改變自身意識的方法中找到了無窮的樂趣。如果使用不當，許多精神類藥物都可能帶來危險，有時甚至是致命的。大多數文化都擁有非常複雜的程序、制度和傳統來限制誰、在甚麼情況下以及採取甚麼準備措施後才可以吃哪些藥。現代西方文化則是一個例外，在西方，對精神類藥物的禁止意味着此類天然的保護系統未能發展起來。許多烈性的精神類藥物可以在大街上買到，年輕人在沒有任何認識或採取任何保護措施的情況下服用。

精神類藥物可以分為幾個大類，各有不同的效果。麻醉劑可以完全消除意識。最初的麻醉劑是結構單一的氣體，如一氧化二氮，或笑氣；雖然高劑量下會引起昏迷，但在低劑量下，很多人都宣稱它能夠產生神秘狀態，並增強哲學洞察力。現代的麻醉藥品通常分為三類，分別能減少疼痛、放鬆和消除記憶。

有人會認為研究麻醉劑會是一個瞭解意識的好方法。我們可以系統地增加或減少劑量來觀察相應的意識狀態。事實上，我們現在很清楚，雖然麻醉劑的原理五花八門，但它們大多會影響整個大腦；沒有跡象表明大腦有一個「意識中心」或某個特定的大腦過程被開啟或關閉。

其他精神類藥物用於精神病人，包括安定藥、抗抑鬱藥和鎮靜劑。有一些鎮靜劑和其他一些鎮靜劑已被濫用為毒品，這些都是能抑制中樞神經系統的藥物，其中包括酒精(有興奮和抑制雙重功能)和巴比妥類。麻醉藥包括海洛因、嗎啡、可待因和美沙酮。它們的作用類似於大腦中的內啡肽——一種與壓力和獎賞有關的化學物質。這些藥品會讓有些人感到非常愉快，但極易成癮。

興奮劑包括尼古丁、咖啡因、可卡因和安非他明。其中大多數也都極易成癮。為了達到同樣的效果，你必須不 斷增加劑量。中斷藥物會引起痛苦的症狀以及對藥物的渴求。可卡因通常是用鼻子吸食，但也可以變成可以抽的「快克」，這樣見效更快，因此效力更強，也更容易上癮。安非他明是一個大類，包含許多現代的化合致幻藥，其中一個例子是麻黃素(MDMA)，也叫搖頭丸，它兼具刺激、迷幻和改變情緒的效果。

從理解意識的角度來看，致幻劑是最有意思的藥品。「致幻劑」這個詞也許不太恰當，因為有些藥物根本不會讓人產生幻覺。實際上，嚴格地說來真正的致幻劑會讓體 驗者混淆幻想與現實，如精神分裂症患者篤信她頭腦中聽到的聲音來自所處房間的牆壁。根據這個定義，大多數致幻劑只是產生「偽幻覺」，因為使用者依然知道它們都是 不真實的。因此，這些藥物也被稱為迷幻藥(讓人敞開心 扉)或鬆弛劑(讓人精神鬆弛)。

大麻，有時也稱為小迷幻劑，自成一類。它是從美麗的大麻作物中提取出來的。五千多年來，這種植物一直被當作藥材和編織繩子和衣服中用到的硬纖維原料。許多19世紀的藝術家在其作品中使用過大麻；維多利亞時代的人也曾用它入藥。在20世紀，很多國家宣佈它為非法。儘管如此，它仍被廣泛使用。通常它被做成大麻(曬乾的葉子和雌花頭)或哈希什(從大麻上刮下的樹脂、花粉、樹葉或花的粉末混合而成的固體)吸食。哈希什也可生吃、做熟了吃或溶於酒精、牛奶之中。

大麻的主要活性成分是δ-9-四氫大麻酚，同時也包含了60多種大麻化學成分和其他許多對大腦和免疫系統略有不同影響的成分。這些成分還會產生交互作用。大部分成分都是脂溶性的，可以在身體裏停留數天甚至數周。大麻的藥效很難形容，部分原因在於這些效果複雜多變，部分原因在於使用者認為任何言語都難以解釋發生的一切。有些人吸食大麻後產生狂想症。由於人們不斷培植出藥效更強的大麻作物，這種情況似乎也在不斷增加。但對大多數人來說，大麻的影響相當微妙，包括放鬆、感覺增強、簡單感知的愉悦性提高、易笑、性快感增強、對人敞開心扉、時間的流逝變慢以及各種影響記憶的效果。實驗表明，大麻會導致主動性降低，短時記憶嚴重受損。

這種使用如此廣泛的娛樂性藥物的效果會如此模糊不清，這似乎有點奇怪。當然，我們還缺乏科學的意識理論來充分解釋人們吸食大麻後意識所發生的變化。

主要致幻劑的效果則強烈得多，通常也更持久、更難控制，這或許是它們使用沒那麼廣泛的原因。致幻劑包括二甲基色胺(DMT，南美發現的致幻劑死藤水的一種成分)、墨西哥致幻毒素(發現於「神奇蘑菇」中)，麥司卡林(發現於仙人球毒堿中)和許多合成藥物，包括 LSD(麥角酸醯二乙胺)和各種苯丙胺類和色胺類毒品。這些毒品大多類似於四種大腦神經遞質中的一種，包括乙醯膽鹼、去甲腎上腺素、多巴胺和5- 羥色胺，同時還能與其功能產生交互作用。在超大劑量服用時它們都是有毒的，並能加劇原有的精神病症狀，但它們一般不會讓人上癮。

最著名的致幻劑恐怕要算LSD。LSD出名於20世紀60年代，當時人們崇尚「打開心扉、加入迷陣、脱離現實」。LSD會誘發持續大約8至10小時的「旅程」(即迷幻感覺)。稱其為「旅程」是因為它持續的時間似乎沒有盡頭，常常給人的感覺是好像穿越人生的一次偉大旅行。不僅顏色會變得更加鮮豔，普通物體也可能具有奇異的形狀：如壁紙扭成彩蛇，駛過的汽車變成長有50英尺長的翅膀的飛龍。這種幻覺可以讓人感到高興和榮耀，但也可能是極度恐懼，從而導致一次「糟糕的旅程」。它常常會產生一種超自然的感覺，並伴隨着神秘的幻覺以及平常的自我感的消失。人似乎成為一種動物或另一個人，或完全融入整個宇宙之中。LSD之旅不是輕輕鬆鬆就可以走完的。

1954年，《勇敢新世界》的作者奧爾德斯·赫胥黎(Aldous Huxley,1894–1963)首次服用了麥司卡林，並形容它打開了「感知的大門」。普通的東西變得色彩斑斕和稀奇古怪；周圍的一切都變得不可思議，整個世界在其自身的「所是」裏顯得那樣完美無缺。他的描繪類似神秘主義的體驗。確實有人把這些藥品形容為「恩斯阿金」[1]，或心中神的釋放劑。

這就引出一個有趣的問題，即藥物能否誘發真正的宗教體驗。在一個著名的研究中，美國牧師兼醫師沃爾特·帕恩克(Walter Pahnke)在傳統的週五彌撒中給20名神學院的學生服用了一些藥丸。一半的人服用安慰劑，他們只有輕微的宗教體驗；但另一半人服用墨西哥致幻毒素，其中八人報告說有強烈的神秘體驗。批評家認為這在某種程度上比不上「真正的」神秘體驗，但這就意味着我們知道「真正的」神秘體驗是甚麼樣子。

超常體驗

從靈魂出竅體驗到神遊和幻想，大批人(約30%至40%)報告自己有過生動的、自然產生的異常意識狀態，這一點讓人非常驚奇。這有時也被稱為「超常人類體驗」，特別是當它們涉及到一個人自我感的改變以及它們與世界的關係的改變時。

靈魂出竅體驗(OBEs)是指人感覺到自己似乎已經

1 恩斯阿金(entheogen)一詞源於古希臘的entheos和genesthai。entheos的字面意思是神(theos)在心中，也可以翻譯為「受啟示的」。希臘人用這個術語來讚美詩人和其他藝術家。genesthai是「造成」或「變成」的意思。因此，恩斯阿金的意思就是「將神(或神靈的啟示)帶到人心中的事物」。

離開身體，從身體外面的某個地方觀察整個世界。約有20%至25%的人聲稱至少有過一次這樣的體驗。雖然有時人們報告似乎在進行長途飛行或進入到其他世界，但這種體驗通常都很短暫。靈魂出竅體驗通常是令人愉快的，儘管有時也會很嚇人，特別是伴隨着睡眠性麻痹的時候。

需要注意的是，這個定義並不一定意味着真有甚麼東西離開了身體，這只是人的感覺而已。在這一點上，不同的理論之間存在很大的分歧。例如，有些人相信他們的精神、靈魂或意識已經離開自己的身體，並且能在身體死亡後繼續生存下去。根據「星體投射」理論，一個微小的「星體」已經從身體的器官中取出來了。許多實驗都試圖檢驗這一想法，但均未獲成功。例如，科學家使用了很多探測器，包括物理儀器、體重計、動物和人等等，都沒能可靠地檢測到星體或靈魂。另外，如果讓有靈魂出竅體驗的人看隱秘的數字、字母、物體或場景等目標，雖然許多人都自稱能看到，但他們的描述的準確性一般不會超過概率水平。這並不能證明沒有東西脫離了身體，但可以肯定的是沒有令人信服的證據表明有東西脫離了身體。

心理學理論用個體身體意象和現實模型的改變來解釋靈魂出竅的體驗。據發現，容易夢見自己鳥瞰世界或善於想像各種變換了的視角的人更可能產生靈魂出竅的體驗。靈魂出竅的體驗幾乎任何時候都可能發

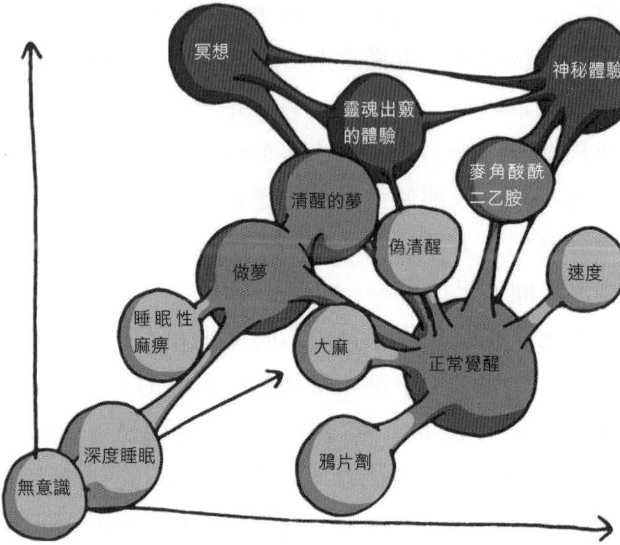

圖22 意識狀態能被映射嗎？從一個狀態變化到另一個狀態感覺就像是在一個廣闊的多維空間裏運動一樣，一些狀態容易達到，另一些則非常遙遠。許多人試圖繪製這種地圖，但很難知道相關的緯度。

生，但最常見的是在快要入睡、深度鬆弛、恐懼或感受到壓力的時候。通過電刺激大腦右顳葉那部分負責建構和控制身體意象的腦區也可以產生靈魂出竅的體驗。

有時人們在瀕臨死亡時會報告一系列奇特的經歷，它們被統稱為瀕死體驗(NDE)。雖然順序可能略有不同，並且也少有人能夠感受到全部體驗，但瀕死體驗最常見的特點是：沿着一條黑暗的隧道或穿過一個黑暗的地方，走向明亮的白光或金色的光；看着別人救活自己的身體或在上面做手術(靈魂出竅體驗)；喜悅、被接納或極度滿意的心情；一生中各種事件的閃回或全景回顧；看見另一個世界——裏面是已經死亡或被稱為「光之靈」的人；最後決定回到自己的生活，而不是進入那個世界。經過這樣的體驗後，人們常常會發生很大的變化，自稱不那麼自私或功利了，也沒那麼懼怕死亡了。

瀕死體驗的報告來自於不同文化和不同年齡的各種人群，總體上似乎都非常相似。主要的文化差異體現在細節上。例如，基督徒往往看見的是基督或天國之門，而印度教教徒會遇到主羅摩(Ram)或看到自己的名字寫在一部大書上。信教者往往聲稱這種體驗的一致性證明了他們信仰的宗教對死後生活的看法是正確的。但是，對這種一致性的更好解釋是：所有的人，無論年齡和文化有多大差異，都有相似的大腦；而所有的大腦對壓力、恐懼、缺氧和其他許多誘發瀕死體驗的因素所作出的反應模式都是相似的。

所有這些誘因都會釋放內啡肽，從而產生愉悅感，同時也會引發大腦多個腦區隨機的神經活動。隨機活動的效果取決於所在的腦區：視覺皮層的活動產生隧道、螺旋和光(致幻類藥物也產生類似的神經效應)；顳葉活動導致身體形象的改變和靈魂出竅體驗，同時也能夠打開記憶的閘門；其他腦區的活動能引起不同的幻覺，其內容取決於人們的期待、先前的心理狀態和文化信仰。毫無疑問，很多人確實被瀕死體驗所改變，通常是往好的方面改變。但這可能是由於大腦的巨大變化，以及他們不得不面對自己的死亡這一想法所引起的，而不是因為他們的靈魂短暫地離開身體所引起的。

人不需要瀕臨死亡才能獲得如此深刻的體驗。許多頗為普通的人在日常生活中也有相當不尋常的體驗。如果這些體驗與天使、神靈或者上帝有關，它們通常被稱為「宗教體驗」，如果沒有則被稱為神秘體驗。目前還沒有一種簡單方法來界定甚至描述神秘體驗。人們往往認為它們不可言狀或難以形容，涉及到超自然感，並傳達一種意想不到的知識或對宇宙不能說清的理解。也許該體驗的最核心之處在於自我感的改變，無論這是表現為獨立自我感的完全消失，還是與宇宙完全合一的感覺。

這些體驗通常都是自發產生的，並且持續時間非常短暫，但有些方法可以使這些體驗更容易發生，或可以逐漸引發類似的心理狀態。

冥想

冥想通常給人的印象是盤腿而坐，進入深度的放鬆狀態並與世隔絕。有的冥想是這樣，但還有很多別的種類，包括步行冥想以及一些比較警覺和積極的形式。

冥想以前主要是在宗教背景下進行練習的。儘管基督教、蘇菲派和其他宗教的沉思傳統中也有類似方法，但冥想在印度教和佛教中體現最為突出。今天有許多非宗教的冥想形式，大多是作為放鬆和減壓的方法而加以提倡的，其中最著名的是超脱靜坐(TM)。

大多數冥想都會採用特殊的坐姿，如蓮花坐或半蓮花坐，即雙腳或一隻腳搭在對側的大腿上。不過，很多人採用相對簡單一些的打坐姿勢，如使用硬座墊、或者坐在矮凳上並將雙腳放在下面。這些坐姿並無甚麼神奇可言，它們卻有一個共同的目的，即是為了提供一個既輕鬆、又不失警覺的姿勢。打坐通常面臨兩種危險：要麼變得昏昏欲睡並睡着，要麼由於某些雜念的攪擾而變得興奮或坐立不安。特殊的坐姿能保證坐得穩、脊椎筆直和呼吸順暢，從而有助於避免上述兩種危險。

那冥想對精神有甚麼影響呢？技術不同效果也是千差萬別，雖然有時人們認為它們都有一個共同的目標，那就是拋棄種種念頭並訓練注意，但這兩者都不容易達到。如果你從未嘗試過冥想，你也許會想做下面這個練習：低頭，一分鐘內甚麼也不想。

結果會怎樣？你完全無法照着做。思緒像從內心噴湧而出，注意被外面發生的事情所轉移，心思幾乎沒有一刻是安寧的。這也許並不令人吃驚。畢竟，我們大腦的進化是為了應對世界和保證我們的安全，不是為了聽從指揮保持安靜。儘管如此，經過大量的訓練，還是有可能排除一切干擾並保持內心平靜的。

大多數冥想都需要學習如何拋棄不必要的想法。這裏最好的忠告是：不要試圖同它們爭鬥，也不要以同它們有牽連，僅僅是讓它們走開就可以了。這可以當作整個訓練方法的全部，但由於做起來並不容易，所以人們還發展了其他各種技術。專注式冥想採用了別的方式來保持注意，也就是讓心靈有事可想。這可以是像超脱靜坐一樣，使用一個咒文(反復默念一個詞或短語)，或者也可以使用某個物體，如石頭、花、蠟燭或宗教符號。最常見的辦法是數呼吸的次數，就是留意自己自然的呼吸，感覺空氣的進出，然後開始數呼吸的次數，從1數到10。數到10以後，回到1又重新開始。

其他種類的冥想不需要任何額外的輔助。例如，在禪宗裏，常見的做法是雙眼半閉地坐着，注視白牆。這麼做的目的是「僅僅坐着」——這不是很多人都可以做到的。冥想時雙眼可以睜開也可以閉着。閉眼的危險是你有可能進入到大的幻想之中而毫無察覺，或者乾脆睡着了。睜眼雖然比較容易保持警覺，但是其危險是容易被攪擾。

所有這些做法的意義是甚麼呢？許多人練習冥想是因為他們認為冥想可以幫助他們放鬆和應對壓力。事實上，成千上萬的實驗已經研究了冥想的效果，結果相當令人吃驚。如果對放鬆進行標準的測量，如心率、呼吸、耗氧量、皮膚電或大腦活動，人們發現冥想並不比靜坐、閱讀或聽音樂更讓人放鬆。實際上，它甚至可能使人處於高度覺醒狀態，比如當不必要的想法不斷冒出來而冥想者又拼命控制自己的情緒時。顯然，在短期內冥想似乎遠非一個迅速緩解壓力的方法；如果你想減輕壓力，更好的方法可能是多鍛煉，而不是冥想打坐。

但是從長遠來看，冥想的效果則更為深遠。那些已練習冥想多年甚至數十年的長期打坐者確實會進入到深度的放鬆狀態。他們的呼吸頻率可降至每分鐘三次或四次，腦電波會從平常的 β 波(清醒狀態)或 α 波(平常的鬆弛狀態)，放慢到慢得多的 δ 波和 θ 波。但多年練習冥想的人通常不只是為了尋求一種放鬆方式。他們通常是出於宗教或神秘的原因。也就是說，他們冥想是尋求救贖、幫助別人或是獲得頓悟。

佛教的冥想當然是這樣，禪宗更是如此。禪宗是佛教的一種，但其宗教成分已經少了很多，並且享有用艱苦的方法直接洞察心靈本質的美譽。有的禪宗學生練習靜默照禪，學習靜心以直接洞察意識的本質。其他人則使用一些稱為公案[2](koan)的特殊故事或者問題。這些問題通常不是可以依靠智力回答的問題，甚

2 公案，在佛教禪宗中，以似是而非的形式出的謎語，能幫助思索，同時也是獲得直覺性知識的一種手段。

至難以按一般意義去理解。相反，這些問題能讓提問者進入一種深度的質疑和困惑狀態，從中產生出新的洞見。最終極的公案恐怕非「我是誰？」莫屬。這是一個自我否定的問題，它讓冥想者深入洞察瞬間的體驗。找不到明顯的「我」只是漫長旅途的第一步。

在練習禪宗的過程中，人們報告了很多受到教化的體驗，很多傳統觀念被打破，並以全新的方式看待世界。但這些體驗可能只是暫時的，很像自發的神秘體驗。禪宗的終極目標據說是得到完全的啟示，徹底拋棄二元論的幻覺(獨立的自我和有人在行動的幻覺)。

這種實踐給意識科學提出了一些引人入勝的問題：我們能否研究冥想狀態下大腦活動的變化，並進而瞭解真相？是否真的存在不同的階段，或者是不同的人採取不同的路線？是否真如人們所宣稱的那樣，經過冥想以後，人們變得更富同情心和不那麼自私了嗎？最吸引人的可能是，他們的領悟是真實的嗎？在神秘體驗和長期打坐中，人們形容自己看穿了獨立自我的幻覺，或者看到世界真實的一面。他們對嗎？這與意識的科學研究中還在努力探討的幻覺是同一回事嗎？現在我們能説的是：意識研究還遠沒有發展到能回答這些問題的程度，但至少我們可以開始提出這些問題。

第八章
意識的演變

這是多麼美好的一天！你凝望着森林裏的一棵大橡樹，綠葉在微風中翻飛招展，斑斑點點的樹陰在地上跳舞，小鳥在樹枝間飛來飛去。更近些瞧，你看到樹幹上錯綜複雜的樹皮紋路，瞥見一隻小甲蟲快跑着想躲藏起來。你聞到撒滿橡樹果的泥土的芳香，感覺到濕潤的空氣圍繞在身旁。這是你的意識體驗。這棵樹為你而存在。

但是甲蟲有甚麼體驗呢？還有那些鳥，藏在樹上睡覺的蝙蝠以及隱藏在草叢中的蛇？在動物的眼中，這個世界究竟是怎樣的呢？我們很想知道答案，問這樣的問題似乎也很合理。問題是我們無法知道。這正如我們問「成為一隻蝙蝠會有甚麼體驗？」一樣，僅僅想像你是一隻蝙蝠或一條蠕蟲是毫無用處的。這是一個關於動物意識的問題。這裏它實際上包含兩方面的問題：一是哪些生物擁有意識，以何種方式擁有意識；另一個問題是意識是從甚麼時候開始演變的，又是如何演變的。

我們可以考慮各種各樣的造物，並問它們是否有意識，這或許會有所幫助。讓我們首先從躺在樹下的石頭開始。説成為石頭並沒有甚麼體驗，大多數人都會同意。實際上，四周的泥塊以及從樹幹上脱落的樹皮都是如此。然而泛靈主義者認為宇宙中的一切事物都是有意識的。因此在他們看來，沒有無意識的造物，意識從一開始就一直存在。

但是樹呢？大多數人會説樹木和其他植物都沒有意識。但我們有理由説意識的首要特徵是擁有感知並與世界互動，而樹木是可以感知世界的。它們能對重力、光線、溫度和濕度作出反應。如果快速放映一段橡樹果從萌芽到長成大樹的影片，我們將會看到小小的幼苗扭曲着向上探尋，鮮嫩的葉子尋求陽光。因此，我們更會傾向於認為樹可能擁有意識。類似的論證也適用於地衣、藻類，甚至細菌。

那下一個是甚麼呢？如果有幾個人試圖根據意識程度的高低從低到高給各種生物排序，他們不會達成一致意見。有人會將嬰兒排在最後因為他們尚未學會很多東西，而其他人會考慮到寶寶的潛力而將他們排在非常靠前的位置。有人會把黑猩猩放在很靠前的位置，因為他們與人類非常相似；另一些人則會説烏鴉、鯨魚和海豚更聰明，而聰明才是衡量意識的重要指標。

還需要考慮的是動物具有的不同感官。比如蛇有敏鋭的嗅覺，而另一些動物擁有特殊的器官可以感知紅外線，因此能夠捕獲獵物。鳥幾乎沒有嗅覺，但它們可以看到人類無法看到的紫外光。事實上，許多鳥都擁有四色視覺系統，這使它們能夠比擁有三色系統的人類看到更豐富的顏色。看到人類看不到的顏色會有怎樣的體驗？我們甚至難以想像這種情形，因為我們得利用大腦的視覺系統來進行想像，但這個系統缺乏對紫外光的表徵。

與此同時，與鳥類和哺乳動物只有單一的眼球不同，昆蟲的複眼包含了成千上萬獨立的鏡片。它們也能看到紫外光。許多昆蟲都有敏鋭的嗅覺，它們用帶有氣味的臭跡將同伴引到有食物的地方，或用信息素進行交流，並通過觸角探測這些化學物質。它們的體驗會是怎樣的呢？用敏感的觸角嗅到腐爛的老鼠屍體會是怎樣的一種體驗呢？對那些將卵產在動物屍體身上的蒼蠅來説，這種臭味大概極具吸引力。從對其他動物的感覺器官的瞭解中我們一定會作出這樣的論斷：在那片森林裏，每一種造物都會有完全不同的體驗。它們各自都棲息在一個完全不同的環境中或客觀世界中。

我們可能還是忍不住會問這個問題：哪些動物才真正擁有意識？一方面，意識可能是一個走極端的現象，一 些動物有而另一些則沒有。笛卡兒認為，只有人類才有靈魂，所以其他動物都是「無感覺的自動體」。另一方面，意識可能是一個連續體，一些動物

圖23 成為貓頭鷹、蜘蛛或蛇會有怎樣的體驗？這些動物都有適於自身生活方式的感知系統，並活在自己的環境中或客觀世界中。但它們有意識嗎？我們如何才能知道？

擁有的意識比另一些多。任何有效的意識理論都應該明確地說明哪些動物有意識，以甚麼方式擁有意識，以及為甚麼有意識。

我們如何才能找到答案？我們再次碰到意識那個無法破解的奇妙特徵。世上沒有探測意識的機器；也不是說我們可以在某些動物的大腦中發現產生意識的密室，但在其他動物身上卻找不到。因此這個問題依舊是一個問題。如果一個問題無法回答，那最好就不要再問了。

就算僅僅是因為我們關心動物苦痛的緣故，這個問題也不會消失。無意識的自動體不會有痛苦。如果笛卡兒和他的後繼者是對的，那麼我們不必擔心動物會受痛苦。但動物看起來的確是在受苦。一隻皮毛厚實光亮、雙眼有神，正在嬉戲的貓，心情顯然是高興的；而那隻皮毛稀疏濕軟、目光呆滯、舉步維艱、腿上的傷口還在流血的貓顯然是非常痛苦的。但我們可以肯定自己的直覺是正確的嗎？

人的這種直覺是出了名的變化無常。比如，人們通常賦予溫柔、惹人憐愛以及與我們相似的動物更多的感情，比如有一雙目光前視的眼睛的貓和兔。人們會對有目的前進的任何物體採取有意圖的立場，即使對最簡單的機器人也是如此。使用較複雜的機器人做的實驗表明人們是多麼願意賦予那些模擬人微笑、皺眉或側耳傾聽的金屬腦袋以感情。所以我們不能相信這些直覺。

為了打破這一僵局，生物學家瑪麗安·斯坦普·道金斯(Marian Stamp Dawkins)認為如果動物真的在遭受痛苦，那麼它應該願意想辦法避免不幸。考慮到層架式雞籠裏的母雞沒有可以抓撓的乾草，她設計了一個實驗，讓母雞必須扒開很厚的簾子才能進入有乾草的籠子。母雞顯然更喜歡有乾草的籠子，但不會付出努力進到裏面去。這種行為測量能夠幫助我們衡量動物的痛苦程度，但可能仍有一些人會說：「這雖不錯，但會不會只是它們表現得很痛苦，抑或是它們真的感覺很痛苦？」

回答這個問題的最好辦法是找到一個理論可以區分哪些能力和行為意味着意識，而哪些沒有。就動物意識而言，目前有幾種這樣的理論。

鏡子、自我和其他精神

照鏡子，你從中看到了甚麼？當然是你自己。這個問題看似毫無價值，但卻是一個了不起的成就。能看到自己意味着你必須有自我感，這就是為甚麼鏡子自我認同已成為一個如此著名的測驗的原因。如果像有些人認為的那樣，意識取決於擁有自我感，那麼鏡子測驗就能讓我們對動物意識有所瞭解。我們需要找出能從鏡子中認出自己的動物。

養寵物的人會證明貓、狗和兔子都認不出鏡中的自己。在第一次看到鏡子時，它們會饒有興趣地跑過去，甚至繞到鏡子背面去找它們從鏡子中看到的另一隻狗或兔。但它們很快就對此失去了興趣。有些魚會跟鏡子中的自己打鬥，鳥會向鏡子中的自己展示美麗的羽毛。它們顯然以為自己看到了另一條魚或另一隻鳥。但猴子和類人猿會怎樣呢？

1872年，查爾斯·達爾文(Charles Darwin, 1809–1882)嘗試着給動物園裏的兩隻小猩猩一面鏡子，並記述它們如何玩耍，以及如何試圖去親吻鏡中的影像。但達爾文並不能肯定它們是否認出了自己。一個多世紀以後，心理學家戈登·蓋洛普(Gordon Gallup)設計了一個實驗來找尋這個問題的答案。他給一群年幼的黑猩猩很多時間照鏡子，然後把它們麻醉並在它們的臉上畫了兩個明顯的紅點，一個在眼睛上面，另一個在對側的耳朵上。當它們清醒過來後，他讓它們照鏡子。你我在這種情況下可能會馬上看到紅點，並試圖去摸它並把它擦掉。黑猩猩也是這樣做的。它們摸紅點的時間明顯多過摸臉對側的相應部位的時間。

自那以後，人們還對其他許多物種進行了測驗。嬰幼兒從18個月左右開始就可以通過這個測驗。在其他四種生物中類人猿、黑猩猩、倭黑猩猩和猩猩大多數情況下也會觸摸紅點(雖然它們之間差異也很大)，但大猩猩卻不會。實驗表明，雖然猴子能夠用其他方式使用鏡子，如伸手夠只能通過鏡子才能看到的東西，但它們沒有自我認知。這表明類人猿和其他動物存在巨大的差別。但這裏面還有許多疑點和問題。例如，有些鯨魚和海豚極其聰明，它們喜歡玩鏡子，也可能有自我概念，但卻沒有手來摸紅點。

這個測驗雖然很有趣，但並不能明確地回答意識的問題。實驗設計者蓋洛普確信黑猩猩不僅能夠認識

圖24 鏡子自我認知被用來檢驗自我意識。在蓋洛普的實驗中，黑猩猩試圖擦掉只能通過鏡子才能看到的點。

鏡子中的自己，而且也有自我概念、個體過去和將來的概念以及自我意識。懷疑論者則僅僅贊同黑猩猩能夠用鏡子中的影像審視自己的身體，並認為這並不意味着自我意識。

另一種瞭解自我意識的方式是考察動物的社會智力，包括它們是否能明白其他動物心中的想法。其中的原理是，如果動物能夠像人類那樣具有心理理論，那麼它們就可能反過來理解自己的內心，將自己看成是有願望、意圖和感受的。欺騙也與心理理論有關，因為為了欺騙別人，你必須考慮他們知道甚麼，他們想要甚麼。人們觀察到黑猩猩在搶食物時會不斷分散其他動物的注意，或躲在石頭後面幹一些非法的事。但靈長目動物學家丹尼爾·鮑威里尼(Daniel Povinelli)做的一些巧妙實驗對黑猩猩的社會洞察力提出了質疑。

黑猩猩本能地會從人和其他黑猩猩那裏乞討食物。因此鮑威里尼在一些不常發生的情形下測試它們的乞討行為。在一個實驗中，兩個實驗者給黑猩猩提供食物，其中一個人用眼罩蒙住眼睛，另外一個則蒙住了嘴。但這在黑猩猩看來並沒有任何區別，它們向這兩個人乞討的次數沒有甚麼不同。它們甚至以同樣的熱情向另一個頭上罩着木桶的實驗者乞討。看來它們似乎並不知道向眼睛看不見的人乞討是毫無意義的。目前的結論是，黑猩猩沒有心理理論。但即使這個結論也不是肯定的，它對動物意識的意思則更不確定。

最後一個分界線是語言，這似乎是人類所特有的。這裏要強調的一點是要把真正的語言和其他形式的溝通方式相區分。比如，黑長尾猴至少有三種不同的報警聲來警告同伴不同的危險；蜜蜂會跳複雜的舞蹈來傳達有關食物源頭和距離的信息；雄鳥會通過歌聲的長度和變化來向其他鳥顯示自己不一樣的身份。這些方式連同許多其他溝通方式，對於動物的生活來說是至關重要的。但這些信號的含義是固定的，不能重新組合產生新的意義。在真正的語言中，任意的聲音或符號都可以通過接近於無窮的方式組合起來，並產生同樣接近無窮的意義。這些新的組合於是就成為文化基因[1](meme)，並且可以從一個人身上複製到另一個人身上。

試圖教會其他動物語言的努力差不多以完全失敗而告終，儘管早期人們還看到成功的希望。有幾隻黑猩猩、大猩猩和猩猩學會了美國手語，有的掌握了幾百個手語詞匯。還有一隻名叫科科(Koko)的大猩猩甚至通過了鏡子識別測試，這表明手語培訓還有其他方面的作用。但這些類人猿大多只在要食品的時候才使用手語。它們不會像幼兒那樣自發地命名物體，玩文字遊戲，或告訴大家他的最新情況。

這些研究與意識的關係是這樣的。有些人認為語言的加入完全改變了精神，並帶來了意識的關鍵要素：包括自我感、心理理論以及思考過去和未來的能力。換言之，如果沒有語言，任何動物都不能擁有意識。由於目前幾乎沒有證據表明其他動物也有語言，所以一定只有人類才具有意識。但我們如何得知？如

1　文化基因，理查德．道金斯用meme(米姆)來表述這個新的複製基因。meme 這個希臘詞詞根，聽上去有點兒像 gene(基因)。在道金斯看來，我們可以遺傳給後代的東西有兩種：基因和米姆。gene 是生理基因，meme 是文化基因。

果你認為這個問題難以回答，但與圍繞着意識如何、何時以及為甚麼最先進化而來的困惑相比，這簡直不值一提。

意識的功能

我們為甚麼會擁有意識？你可能會認為，既然我們擁有意識，意識本身一定具有進化的功能。

乍一看，這種觀點似乎非常有道理。自然選擇的進化論是偉大的科學洞見之一，簡單卻異常強大。有人說這是人類有史以來提出的最好見解。正如達爾文所意識到的那樣，一個簡單的反復過程能創造出看似不知從甚麼地方出現的最錯綜複雜和功能最強大的設計。其原理是：首先以某個東西為基礎製造很多隻存在細微差別的複製品，選出其中之一，然後重複這個過程。僅此而已。

這個過程的效力在於選擇的效果。達爾文以解釋人工選擇開始，如有些人選擇性繁育某種動物，而不是別的動物，從而增加某些理想的特徵。但他意識到同樣的過程一定也在自然選擇中暗自進行。也就是說在食物、空間、光照和空氣不足的世界，有些生物不可避免地會比別的活得好，而那些幫助它們贏得生存競爭的特徵——無論是甚麼特徵——將會遺傳到後代身上。這種過程一直延續。正因為如此，眼睛、翅膀、頭髮和牙齒等特徵都開始出現並不斷演變。這些都是有助於動物生存的適應性變化，並且也將在繁衍中一直遺傳下去。

意識是一種適應性變化嗎？表面上看它可能必須是，因為適應不良的特徵很快就會被選擇所淘汰。但還有其他兩大可能性：意識可能是一個無用的副產品，或者可能是某個適應性特徵(即使看似不像)不可分割的組成部分。這三類觀點在意識理論中都存在。但正如我們即將看到的那樣，它們都會讓我們遇到難題。

讓我們從一個看似極其自然的觀點開始，即我們人類的進化有可能不需要意識。換句話説，意識是一種可選的額外之物，我們都可能是無意識軀體。「這有甚麼不可能呢？」有人這樣陳述自己的觀點：「我完全可以想像一個世界，裏面的人看起來完全一樣，行為也毫無差異，只是內心沒有意識；成為我也不會『有甚麼體驗』」。這種直覺引發了各種思維實驗，如無意識軀體的雙胞胎，甚至整個無意識軀體的世界。但這裏有一個嚴重的問題。

想像一下如果進化重演，我們的祖先中有的是無意識軀體，有的則擁有意識——我們稱他們為意識人。在這個混合着無意識軀體與意識人的人群中，自然選擇開始起作用了。結果會怎樣？肯定甚麼也不會發生。因為，根據定義，無意識軀體和意識人毫無差別。他們長相一樣，行為一樣，並且説的話也一樣。

這意味着自然選擇沒有任何機會起作用。相對於意識人來說，無意識軀體數量的增減將是完全隨機的。這一有趣的結論讓意識是一種可選的額外之物、無用的副產品或副現象的觀點變得毫無意義。最好是完全拋棄整個無意識軀體的想法而另尋他路。

於是還剩下兩種可能性：意識要麼本身是一種適應性變化，要麼它必然伴隨着其他適應性變化，或成為其他適應性變化的一部分。

如果意識是一種適應性變化，那麼下面這種説法應該是有道理的：我們的進化可能不需要它；但在這種情況下，我們不會成為哲學家所説的無意識軀體，而更可能成為好萊塢影片中的海地殭屍——缺少某些重要特徵，欠缺一些關鍵能力的造物。那麼進化可能更喜歡意識人。如果你持這樣的觀點，你必須解釋意識添加了甚麼；你會回想起我們在意識本身的功能這個概念上遇到的麻煩。首先，很難理解主觀體驗或成為……有甚麼體驗能夠真正影響甚麼事情。然後，種種證據都表明，所有的體驗都來得太遲，難以引發行動，也不會產生人們普遍認為它應該產生的效果。

儘管如此，還是有好幾種理論持這種觀點。其中最具影響的是心理學家尼古拉·漢弗萊(Nicholas Hamphrey)在20世紀80年代提出來的觀點。他認為我們的祖先能進化出意識是因為他們是高度社會化的動物，有着複雜的婚姻關係和人際關係。能夠最準確地預測他人行為的個體會佔據優勢，而這麼做的最好方法是進化出一種「內眼」來觀察自己。這樣，反省的能力被進化出來，我們也因此變成有意識的了。由於強調社會智力和心理理論起源，漢弗萊的理論產生了極大影響。但僅就意識而言，該理論受到了很多批評，其理由是認為反省不能很好地指導行為，內眼的說法有近似二元論的危險，而且該理論還是沒有解釋主觀性。還有一些理論建立在漢弗萊理論的基礎上，但也面臨同樣的困難——主觀性從哪裏開始適應的，以及為甚麼體驗本身能提供任何選擇優勢。

第三種也是最後一種可能性是：拋棄體驗自身能起任何作用的想法。根據這種理論，意識不是一種適應性變化，這麼說不是因為它是一個無用的副產品，而是因為它離不開智力、感知、思維、自我概念、語言或其他進化而來的能力。也許大多數唯物主義的科學家都這樣認為。他們以為，當所有這些能力都得到解釋後，我們終將理解意識。問題在於，這一天似乎遙遙無期。而且目前還沒有令人信服的理論能夠解釋為甚麼擁有其中任何一項能力就可以讓我們過上有意識的精神生活——為甚麼主觀性必然伴隨着其他所有能力。這並不是說這一切不可能得到解釋，但在我們能夠作出解釋之前，我們會不斷陷入相信無意識軀體的境地，並與那個困難的問題不斷糾纏。

現在我們可以看到，意識的進化理論包括從那些把意識的起源追溯到生命的產生的理論，到將其與感知、智力或其他一般能力的進化聯繫在一起的中間理論，再到那些將其與語言、模仿或文化基因聯繫在一起的理論，不一而足。但沒有人會一致同意哪個理論是對的。更重要的是，誰也不知道該如何做才能搞清楚。

意識的未來

我們遇到的困惑是如此複雜和嚴峻，我認為它可能揭示了思考意識的一般方式中存在的根本缺陷。也許我們需要拋棄最基本的假設從頭再來。

有兩個幾乎人人皆知的最基本假設：一是體驗發生在人身上，沒有體驗者就不可能有體驗。這並不意味着需要一個固定不變的自我，但它確實意味着知道自己在讀這本書的「你」和昨晚入睡並在今早醒來的「你」是同一個人。這一點必須被拋棄。

第二個假設是體驗像一股思想、情感、圖像和感知流一樣流經有意識的頭腦。流可能會暫停、改變方向或中斷，但在心靈劇院裏它仍是一系列意識活動。如果你問「吉姆現在的意識中有甚麼？」，這裏的底線是一定得有一個正確答案，因為吉姆的部分思想和感知在意識流中，而其餘的則不在。這一點也同樣需要被拋棄。

所以我們從一個新的起點重新開始。這次的起點

文化基因

文化基因是通過模仿而在人群中複製的習慣、技能、行為或故事。同基因一樣，文化基因的複製需經過競爭；文化基因不是鎖定在細胞內的化學物質，而是從一個大腦跳到另一個大腦，或由大腦跳入電腦、書籍和藝術品中的信息。得勝的文化基因在世界各地傳播，所到之處塑造我們的思想和文化。

文化基因通過彼此協作形成巨大的文化群。許多這樣的文化群能夠提升我們的生活品質，例如金融體系、科學理論、法制、體育和藝術等。但另一些則像傳染病或寄生蟲，從一個寄主跳到另一個寄主身上，如江湖醫術、邪教、連鎖信和計算機病毒等。這些文化基因的基本結構是以威脅和承諾的方式發出「複製我」的指示。

許多宗教都只是運用這種結構。這就是為甚麼理查德·道金斯(Richard Dawkins)稱它們為「思想的病毒」的原因。天主教徒被規勸要將自己接受到的教化這一文化基因傳給他人，尤其是給自己的子女。祈禱、餐前感恩、唱聖歌、上教堂以及為宏偉的建築物捐款，這些統統都是為了文化基因的利益，並通過永遠的地獄或升入天堂等無法檢驗的威脅或允諾來加以鼓勵。同樣，伊斯蘭教的律法通過嚴懲那些背信棄義的教徒來保護其文化基因。沒有依據的信仰受到崇拜並禁止懷疑，通過這種方式，宗教的文化基因就可被完全複製，無論其核心信仰是否真實或存在任何價值。極端的情況下，我們會發現文化基因殺害其傳播者，或者將人們的精力從撫育孩子轉移到傳播文化基因上，比如為自己的信仰而死的殉道者或禁慾的教士。傳統的宗教主要通過垂直傳播(父母傳給子女)得以保存。

文化基因的理論應該可以讓我們預言它們如何應付越來越快的橫向傳播，以及哪些新興的宗教與邪教有可能保存下去。

自我也能成為一個文化群，即一群共同繁殖的文化基因，它們在每次使用「我」字時都得到加強。諸如「我想……」、「我相信……」、「我知道……」之類的短語都會產生這個錯誤的觀點，即持續的內在自我擁有意識體驗。實際上，只是被複製的字句和互相競爭的文化基因使我們發展成現在這個樣子——被迷惑的文化基因的機器。

已大不相同。我們從這個最簡單可行的觀察開始，即每當我問自己「我現在有意識嗎？」，答案永遠是「是的」。

但其他時候是怎樣的呢？有趣的是，我們無法知道。每次問這個問題，我們都得到肯定的答案，但我們無法確定不問這個問題時會是甚麼情形。這讓我們回想起變化盲或視覺的「大幻覺」理論。但對視覺而言，你可以重複看，每次你都會看到一個豐富的視覺世界。於是你以為它總是在那裏。你可以試圖瞥一眼某個東西，但永遠無法知道沒看的時候這個東西是甚麼樣子。這就像試圖很快打開冰箱看裏面的燈是否一直都亮着一樣：你永遠趕不上燈滅的時候。

意識的大幻覺理論由此而來。我們人類很聰明，能說話，會思維，能夠問自己「我現在有意識嗎？」這樣的問題。接下來，因為得到的回答總是肯定的，我們就立刻得到一個錯誤的結論，即認為我們總是有意識的。其餘的觀點也由此產生。我們認為在生活中每一個清醒的時刻我們都必須意識到這樣或那樣的東西，因為無論何時我們問自己那個問題，都發現這確實是事實。所以我們發明了與這一結論相符的比喻，如劇院、探照燈和意識流。但我們錯了，徹底錯了。

事實是，當我們沒有問這個問題時，沒有任何意識的內容，也沒有任何人能體驗到意識。相反，大腦不斷運行，並行執行多個過程——正如丹尼特的多重草圖理論所描述的那樣——這其中沒有任何東西是在意識之內或者意識以外的。事實上，大腦活動是有意識還是無意識的整個觀點都可以被拋棄，兩者之間的「神奇差異」這個問題也可一併拋棄。

於是乎，意識是一個大幻覺。這個幻覺是通過問「我現在有意識嗎？」或「我現在意識到甚麼？」這樣的問題而產生的。在提問的那一刻，答案被編造出來：現在、意識流以及觀察它發生的自我，一併產生出來，而在下一刻，這一切又都消失殆盡。下次你再問的時候，憑着記憶，一個新的自我和新的世界被編造出來。如果你到現在還相信你一直都是有意識的，並繼續創造流和劇院之類的比喻，那麼你只會在困惑中越陷越深。

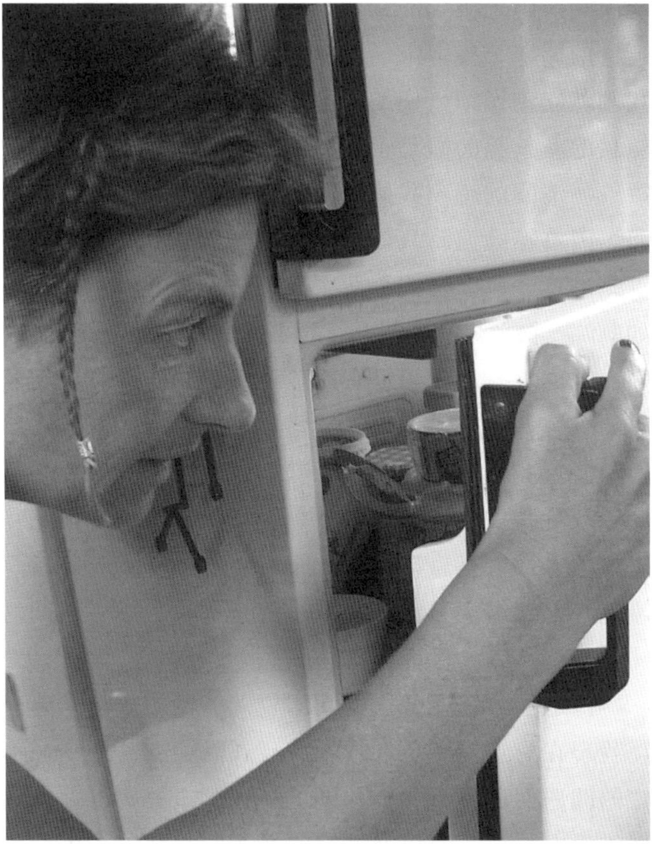

圖25 當你沒問「我現在有意識嗎？」這個問題時會有甚麼樣的體驗？試圖回答這個問題就像試圖迅速打開冰箱門看裏面的燈是否一直亮着一樣。

用這種嶄新的方式來思考意識，大部分老問題都會不復存在。我們不需要解釋意識如何從大腦的客觀活動中產生或出現，因為它沒有。我們不必解釋有意識的大腦活動和無意識的大腦活動之間的神奇差異，因為它們並沒有任何差別。我們不必為主觀體驗如何進化而來或者它是否有功能之類的問題感到好奇，因為原本就沒有體驗流，只有造成錯覺的稍縱即逝的事件。

根據這個觀點，只有能夠被如此蒙騙的造物才可能像人類這樣擁有意識。這可能意味着人類是獨特的，或幾乎是獨特的，因為只有他們才有語言、心理理論、自我概念以及其他有助於創造錯覺的因素。其他動物過自己的生活，其間不斷創造瞬時的知覺世界——如果你願意，也可以認為是在創造體驗，但這種體驗不同於發生在人身上的體驗流。它們永遠不會問讓自己陷入困惑的難題。

那麼，成為這些動物會有甚麼樣的體驗呢？也許有點類似稍縱即逝的構建；或像鳥飛回到棲息處時向後飛逝的叢林；或像駿馬馳騁或兔子逃難時肌肉伸展帶來的疼痛；或像聲吶指導蝙蝠飛行時昆蟲身上所體驗到的迫近感。但除了說與我們絕大多數時間的體驗有點相似以外，「成為蝙蝠會有甚麼體驗？」這個問題並沒有真正的答案。只有當我們問這個問題時，這個問題才會有一個答案。

電腦可能有意識嗎？這又是一個棘手問題，長期以來一直很複雜。有人認為只有生物體才有意識，但其他人認為這個問題只關乎電腦所執行的功能，而非它由甚麼構造。根據意識的幻覺理論，答案很簡單。如果任何機器有語言，或文化基因，或能問出「我現在有意識嗎？」這個問題，並且能夠編造有關內在自我與自身精神的理論，那它就可能像我們一樣被迷惑，並以同樣迷惑的方式認為那是意識。否則，它會像非人類的動物一樣，通過與環境的相互作用建構臨時的感知世界，但從未想過自己在經歷它們。

採取這種新的研究角度，還存在一個大問題，就是質問的本質是甚麼。一個造物，或者為這個問題而設計出來的機器能夠問自己問題，這究竟意味着甚麼？一個探討這個問題的方法是研究當一個人這樣深深地質疑時，他的大腦裏發生着甚麼。大腦活動的流動模式是否會以某種方式匯到一起？可能會出現特殊的模式和連接嗎？使用類似於大腦神經機制研究中所採用的方法，我們或許可能找到答案。

另一個問題是，我們人類是否能完全拋棄幻覺，並且還能夠體驗世界。那些練習某種形式的冥想或靜觀的人聲稱可以做到。他們說那個平常的世界已經瓦解，存在的只有體驗而沒有體驗者。處於這種狀態的人的大腦活動模式會是甚麼樣的呢？如果能夠找到答案，我們或許能更進一步理解幻覺是如何產生的。雖然我們並不能保證這一定是一個更簡單的方法，甚至也不能保證它是否可行，但它肯定不同於現在的方法。

參加這種研究的受試者要求必須擁有高度熟練的技術。有一種可行的技術是禪宗的冥想，它使用叫做「公案」的特殊故事或問題，還利用相關的下列問題：「我是誰？」「現在是何時？」以及「這是甚麼？」照這種方法練習能一直保持一種質疑的心境，並不斷探尋。還有的人修煉靜觀，他們無論是否在冥思，都試圖保持警覺，並完全敞開地呈現在當前時刻。經過長期修煉，這種看似簡單的技術能夠產生出一種狀態。在這種狀態下，各種現象不斷出現又消失，但沒有任何時間或空間的感覺，也沒有人在體驗它們。

通過這種方式探索意識，科學家可以對練習者進行研究，但可想而知的是，同一人既可以修煉也可以做研究。事實上，已有一些科學家採用這樣的方法修煉，也有一些修煉者研究科學。這給我們帶來希望，即科學與個人修煉最終可能走到一起，以便讓我們看得更加清楚——拋掉錯覺，深刻洞察自我和他人的幻覺，把我們留在單一的世界中——沒有二元性，也沒有人問這樣的問題。

推薦閱讀書目

General books

All the topics in this book are covered in more detail in S. J. Blackmore, *Consciousness: An Introduction* (London: Hodder & Stoughton, 2010; New York: Oxford University Press, 2011), along with exercises, demonstrations, and an extensive list of references.

For encyclopaedic coverage, see *The Blackwell Companion to Consciousness* edited by M. Velmans (Oxford: Blackwell, 2007) or the *Cambridge Handbook of Consciousness* edited by P. D. Zelazo, M. Moscovitch, and E. Thompson (Cambridge: Cambridge University Press, 2007).

William James's two-volume classic is *The Principles of Psychology* (London: MacMillan, 1890).

Daniel Dennett's books provide a deep and fascinating philosophical and evolutionary approach, especially *Consciousness Explained* (Boston, MA: Little, Brown and Co., 1991) and *From Bacteria to Bach and Back* (London: Allen Lane, 2017).

For opposing views, see D. Chalmers, *The Character of Consciousness* (Oxford: Oxford University Press, 2010); and J. Searle, *The Mystery of Consciousness* (London: Granta Books, 1998).

And for some fun reading, try D. R. Hofstadter and D. C. Dennett (eds), *The Mind's I: Fantasies and Reflections on Self and Soul* (London: Penguin, 1981).

For psychology and neuroscience, try F. Crick, *The Astonishing Hypothesis* (New York: Scribner's, 1994) (a strong reductionist view); G. M. Edelman and G. Tononi, *Consciousness: How Matter Becomes Imagination* (London: Penguin, 2000); C. Koch, *Consciousness: Confessions of a Romantic Reductionist* (Cambridge, MA: MIT Press, 2012); and S. Dehaene, *Consciousness and the Brain: Deciphering How the Brain Codes Our Thoughts* (London: Penguin, 2014).

Journals and web resources

The main journals are the *Journal of Consciousness Studies* and *Consciousness and Cognition*, both print and online; and the new open-access journal, *Neuroscience of Consciousness*. Other online journals include *Psyche: An Interdisciplinary Journal of Research on Consciousness and Science and Consciousness Review*.

For an excellent source of many classic and contemporary papers, all available in full, see *Online Papers on Consciousness*, provided by David Chalmers at: <http://consc.net/online>.

For authoritative articles on philosophy, see the *Stanford Encyclopedia of Philosophy* at: <https://plato.stanford.edu/>.

My website provides other links and online articles at: <http:// www.susanblackmore.uk/>.

Chapter 1: Why the mystery?

For readings on the hard problem, see J. Shear (ed.), *Explaining Consciousness—The 'Hard Problem'* (Cambridge, MA: MIT Press, 1997).

And, more generally on philosophy of mind, D. Chalmers (ed.), *Philosophy of Mind: Classical and Contemporary Readings* (Oxford: Oxford University Press, 2002).

Nagel's original paper on the bat is T. Nagel, 'What is it like to be a bat?', *Philosophical Review* (1974), 83: 435–50.

It is widely reprinted, including in Chalmers's anthology, *Philosophy of Mind: Classical and Contemporary Readings* (Oxford: Oxford University Press, 2002), where you can also find Block's paper 'Some concepts of consciousness' and Dennett's, 'Quining qualia'.

Zombies are discussed in D. Chalmers, *The Conscious Mind* (Oxford: Oxford University Press, 1996) and *The Stanford Encyclopedia of Philosophy*, with the *Journal of Consciousness Studies* (1995), 2(4), devoting a special issue to the subject.

For Cartesian theatre and Cartesian materialism, see D. C. Dennett, *Consciousness Explained* (Boston, MA: Little, Brown and Co., 1991).

Chapter 2: The human brain

For readings on NCCs, see T. Metzinger (ed.), *Neural Correlates of Consciousness* (Cambridge, MA: MIT Press, 2000).

Or, for a more technical update, C. Koch, M. Massimini, M. Boly, and G. Tononi, 'Neural correlates of consciousness: progress and problems', *Nature Reviews Neuroscience* (2016), 17(5): 307–21.

For vision and blindsight, see A. D. Milner and M. A. Goodale, *The Visual Brain in Action* (Oxford: Oxford University Press, 1995); and L. Weiskrantz, *Blindsight* (Oxford University Press, 2009).

For different views on neuropsychology, see V. S. Ramachandran and S. Blakeslee, *Phantoms in the Brain* (London: Fourth Estate, 1998); C. Koch, *Consciousness: Confessions of a Romantic Reductionist* (Cambridge, MA: MIT Press, 2012); and S. Dehaene *Consciousness and the Brain* (New York: Viking, 2014).

For synaesthesia, see R. E. Cytowic and D. M. Eagleman, *Wednesday is Indigo Blue: Discovering the Brain of Synesthesia* (Cambridge, MA: MIT Press, 2009).

Chapter 3: Time and space

Libet's delay is discussed in most general books on consciousness and in his own book, B. Libet, *Mind Time: The Temporal Factor in Consciousness* (Cambridge, MA: Harvard University Press, 2004).

Critical discussions of timing, the cutaneous rabbit, and other experiments are in D. C. Dennett, *Consciousness Explained* (Boston, MA: Little, Brown and Co., 1991).

Global workspace theory originated with B. J. Baars, *A Cognitive Theory of Consciousness* (Cambridge: Cambridge University Press, 1988).

Neuronal GWT is described in S. Dehaene, *Consciousness and the Brain* (New York: Viking, 2014).

For other theories, see G. M. Edelman, *Wider than the Sky: The Phenomenal Gift of Consciousness* (London: Allen Lane, 2004); R. Penrose, *Shadows of the Mind* (Oxford: Oxford University Press, 1994); and (for an overview) W. Seager, *Theories of Consciousness* (London: Routledge, 2016).

Chapter 4: A grand illusion

For embodied and enactive cognition, see A. Clark, *Supersizing the Mind: Embodiment, Action, and Cognitive Extension* (Cambridge: Cambridge University Press, 2008); and L. Shapiro, *The Routledge Handbook of Embodied Cognition* (London: Routledge, 2014).

For the importance of emotions, see A. Damasio, *The Feeling of What Happens: Body, Emotion and the Making of Consciousness* (London: Heinemann, 2000).

And for two types of processing, D. Kahneman, *Thinking, Fast and Slow* (London: Macmillan, 2011).

For filling-in, see V. S. Ramachandran and S. Blakeslee, *Phantoms in the Brain* (London: Fourth Estate, 1998); and H. Komatsu, 'The neural mechanisms of perceptual filling-in', *Nature Reviews Neuroscience* (2006), 7(3): 220–31.

For grand illusion theory, try A. Mack and I. Rock, *Inattentional Blindness* (Cambridge, MA: MIT Press, 1998); A. Noë (ed.), *Is the Visual World a Grand Illusion?* (Thorverton: Imprint Academic, 2002); and a special issue of the *Journal of Consciousness Studies* (2016), vol. 23, on illusionist theories of consciousness, edited by K. Frankish.

Chapter 5: The self

For a simple introduction to ego and bundle theories as well as the teletransporter thought experiment, see D. Parfit, 'Divided minds and the nature of persons', in S. Schneider (ed.), *Science Fiction and Philosophy: From Time Travel to Superintelligence* (London: Wiley-Blackwell, 2016), pp. 91–8.

Opposing views on self are aired in a special issue of the *Journal of Consciousness Studies* reprinted as S. Gallagher and J. Shear (eds), *Models of the Self* (Thorverton: Imprint Academic, 1999).

Split brain cases are described in M. S. Gazzaniga, *Nature's Mind* (London: Basic Books, 1992).

And dissociation in E. R. Hilgard, *Divided Consciousness: Multiple Controls in Human Thought and Action* (New York: Wiley, 1986).

Early cases, and James's own theory of self, are in W. James, *The Principles of Psychology* (London: MacMillan, 1890).

Good introductions to Buddhism are S. Batchelor, *Buddhism Without Beliefs: A Contemporary Guide to Awakening* (London: Bloomsbury, 1997); and W. Rahula, *What the Buddha Taught* (London: Gordon Fraser; New York: Grove Press, 1959).

For books on self, see S. Harris, *Waking Up: A Guide to Spirituality without Religion* (London: Simon & Schuster, 2014); T. Metzinger, *The Ego Tunnel: The Science of the Mind and the Myth of the Self* (London: Basic Books, 2009); B. Hood, *The Self Illusion* (Oxford: Oxford University Press, 2012); and A. Damasio, *Self Comes to Mind: Constructing the Conscious Brain* (London: Heinemann, 2010).

Chapter 6: Conscious will

For the debate on Libet's experiment, see B. Libet, 'Unconscious cerebral initiative and the role of conscious will in voluntary action', *The Behavioral and Brain Sciences* (1985), 8: 529–39 (with commentaries in the same issue, pp. 539–66); and 10: 318–21. The experiment is widely discussed, but most critically in D. C. Dennett, *Consciousness Explained* (Boston, MA: Little, Brown and Co., 1991).

The first table tipping experiment is by M. Faraday, 'Experimental investigations of table moving', *The Athenaeum* (1853), 1340: 801–3.

For further examples and Wegner's theory, see D. M. Wegner, *The Illusion of Conscious Will* (Cambridge, MA: MIT Press, 2002).

For opposing views, see S. Harris, *Free Will* (New York: Free Press, 2012); and M. S. Gazzaniga, *Who's in Charge: Free Will and the Science of the Brain* (London: Robinson, 2016).

And for my interviews, S. Blackmore, *Conversations on Consciousness* (Oxford: Oxford University Press, 2005).

Chapter 7: Altered states of consciousness

Overviews of the topics discussed here can be found in J. A. Hobson, *Dreaming: An Introduction to the Science of Sleep* (New York: Oxford University Press, 2002); D. Nutt, *Drugs—Without the Hot Air: Minimising the Harms of Legal and Illegal Drugs* (Cambridge: UIT, 2012); M. Jay, High Society (London: Thames and Hudson, 2013); and M. Earleywine, *Understanding Marijuana: A New Look at the Scientific Evidence* (New York: Oxford University Press, 2002).

For OBEs and NDEs, see S. Blackmore, *Seeing Myself: The New Science of Out-of-Body Experiences* (London: Robinson, 2017).

For a practical guide to meditation, see M. Batchelor, *Meditation for Life* (London: Frances Lincoln, 2001).
And for related neuroscience, R. Hanson, *Buddha's Brain: The Practical Neuroscience of Happiness, Love and Wisdom* (Oakland, CA: New Harbinger, 2009); and E. Thompson, *Waking, Dreaming, Being: Self and Consciousness in Neuroscience, Meditation, and Philosophy* (New York: Columbia University Press, 2014).
My struggles with koans are in S. Blackmore, *Zen and the Art of Consciousness* (Oxford: Oneworld, 2011).

Chapter 8: The evolution of consciousness

The evolution of consciousness is discussed in most general books on consciousness and in N. Humphrey, *A History of the Mind* (London: Chatto & Windus, 1992); T. E. Feinberg and J. M. Mallatt, *The Ancient Origins of Consciousness: How the Brain Created Experience* (Cambridge, MA: MIT Press, 2016); and D. C. Dennett *From Bacteria to Bach and Back: The Evolution of Minds* (London: Allen Lane, 2017).
For specific theories, see N. Humphrey, *Soul Dust: The Magic of Consciousness* (Princeton, NJ: Princeton University Press, 2011); M. Graziano, *Consciousness and the Social Brain* (Oxford: Oxford University Press, 2013); T. Metzinger, *The Ego Tunnel* (New York: Basic Books, 2009); and D. Hofstadter, *I am a Strange Loop* (New York: Basic Books, 2007).
Research on animal minds is reviewed in M. S. Dawkins, *Why Animals Matter: Animal Consciousness, Animal Welfare, and Human Well-being* (Oxford: Oxford University Press, 2012); and see also S. Montgomery, *The Soul of an Octopus: A Surprising Exploration into the Wonder of Consciousness* (London: Simon & Schuster, 2015).
For memes, see R. A. Aunger (ed.), *Darwinizing Culture: The Status of Memetics as a Science* (Oxford: Oxford University Press, 2000); and S. Blackmore, *The Meme Machine* (Oxford: Oxford University Press, 1999).